ERFOLGREICH VERLIEBEN

Erfahren Sie mehr über die Autorin:

facebook.com/freya.frauenknecht
freyafrauenknecht.wordpress.com

ERFOLGREICH VERLIEBEN

Gesamtausgabe

Ratgeber

FREYA FRAUENKNECHT

kulturverlag.com

München

Copyright © 2012 Internationaler Kulturverlag München
Originalausgabe 2012
Gedruckte Ausgabe 2012

Titelfoto: Internationaler Kulturverlag München
Gestaltung: kulturverlag.com, München

ISBN 978-3-943237-37-5

Für die Liebe

Hinweis: Die Informationen in diesem Buch sind sorgfältig und nach bestem Wissen recherchiert. Eine Garantie kann von Autor und Verlag dennoch nicht übernommen werden; eine Haftung für Personen-, Sach- und Vermögensschäden ist ausgeschlossen. In medizinischen Fragen ist der Rat eines Arztes maßgebend.

INHALT

HERZLICH WILLKOMMEN

Die Gesamtausgabe beinhaltet die Damen- und Herrenausgabe, sowie zahlreiche Zusatzinfos und abschließende *Dos and Don'ts*. Beide Ausgaben sind sowohl für Damen als auch für Herren interessant. Anhand von direkt aus dem Leben gegriffenen Beispielen lesen Sie typische Situationen, Verhaltens- und Denkweisen heutiger Singles. Wichtig ist, dass Sie diesen Ratgeber auf jeden Fall mit Humor und einem Augenzwinkern lesen. Sie sollen Spaß haben. Bleiben Sie sich selbst treu und nehmen Sie ruhig Tipps und Denkanstöße an. Erfahren Sie, wie das andere Geschlecht tickt. Tauchen Sie ein und bereiten Sie sich aufs Verlieben vor.

Nun ja, wo fange ich an? Die Themen sind vielfältig. Warum lernen sich Männer und Frauen nicht mal mehr kennen? Weshalb leben wir im Alltag völlig an dem anderen Geschlecht vorbei? Muss man wirklich unzählige Dates wahrnehmen und sogar noch parallel laufen lassen?

Singlesein, das macht jeden irgendwann müde. Es ist anstrengend. Immer dieses Gefühl der Rechtfertigung. Ständig diese blöden Fragen im Freundes- und Kollegenkreis. Und dann auch noch diese bescheuerten und unangenehmen Verkupplungsversuche.

Vor jedem neuen Versuch, vor jedem noch so unspektakulärem Date diese Aufregung, diese Nervosität und diese Anspannung. Es könnte ja klappen. Vielleicht passt es heute. Womöglich die Liebe meines Lebens.

Ach ... und dann ist da ja auch noch unsere Seele, die mit jeder Erfahrung und mit jeder Verletzung leidet. Wir sind keine Dating-Maschinen. Und nicht jeder sucht nach Liebe, Vertrautheit und Nähe. Einigen geht es um die schnelle Befriedigung der Lust. Und sicher, Bedürfnisbefriedigung genügt dem ein oder anderen gewiss. Doch leider verlieben sich häufig Frauen in die Bettgespielen, was das Verlieben im Allgemeinen noch viel komplizierter macht. Im Schlussteil der Gesamtausgabe erfahren Sie mehr über die *Dos and Don'ts* des Kennenlernens.

Gehen wir nach den Soziologen, so steigt unser Anspruch an ein individuelles Leben zunehmend.

Beruflich und familiär sind wir in Bezug auf Flexibilität, Lernfähigkeit und technisches Verständnis gefordert wie nie zuvor. Hinzu kommen unzählige Kompromisse, die wir in unserem Alltag machen müssen. Wenden wir womöglich in allen anderen Lebensbereichen all unsere Energie auf, sodass wir am Ende des Tages keine Kraft mehr für Liebe und Partnerschaft haben? Sind wir zu erschöpft und ausgelaugt um uns mit einem uns eigentlich liebgewonnenen Menschen auseinander zu setzen?

Klar ist es ein Wagnis sich auf jemanden einzulassen. Und logisch erfordert es Rücksichtnahme. Sie sind nämlich nicht nur sich selbst verpflichtet. Einfacher ist diese selbstbezogene Lebensform bestimmt – aber auch unersprießlicher. Was ist an den Sonntagen? Was, wenn alle vom Verlieben im Frühling reden, und vom romantischen Winterabend? Wir werden doch ständig mit Erwartungen vollgestopft. Überall, egal auf welchem Kanal. Und sei es nur das ausgedehnte Sonntagsfrühstück mit ihrem Liebsten – das die Radiomoderatorin uns am Sonntagvormittag alle zehn Minuten vorgibt. Wenn es nach ihr ginge, säße ganz Deutschland in trauter Zweisamkeit im Esszimmer (im Sommer auf Balkon oder Terrasse) und würde romantisch frühstücken. Klar gibt das Radio auch vor was es zu geben hat: Croissants, Frühstückseier, Orangensaft und Filterkaffee.

Machen Sie sich frei von Verhaltensweisen, die uns als Ideal vorgegeben werden. Die heute Anfang 20 bis Ende 40 oder 50-Jährigen haben einen komplett anderen Lebenslauf als frühere Generationen. Die Phasen der Ausbildung, Weiterbildung bis zur Erlangung beruflichen Sicherheit dauern wesentlich länger. Unsere Rahmenbedingungen haben sich grundlegend geändert. Viele Betriebe verlangen von den Mitarbeitern Auslandstätigkeiten, Arbeitnehmer werden oft nur noch befristet angestellt oder arbeiten gleich als freier Mitarbeiter im Team. Wie können also frisch Verliebte eine Partnerschaft entstehen lassen, in diesen Zeiten? Sicher nicht, indem sie mit schwimmen, mit der Masse der Party-und Spaßgesellschaft, bestehend aus Singles, die mit den Kollegen gerne die Wochenenden und Abende gestalten. Viele verwechseln bereits heute die Kollegen oder das Team mit der eigenen Familie. Sie versuchen die Vertrautheit und Nähe, die bisher im privaten Umfeld gegeben war, mit Zeitgenossen aus dem Berufsleben zu kompensieren.

Vergnügungsmöglichkeiten gibt es zu Hauf. Erschwinglich und verfügbar sind Events, Urlaube und Motto-Partys. Täglich täuschen wir uns mit Ablenkungsaktivitäten. Wir verdrängen unsere Bindungsängste und lassen niemanden mehr so richtig nah an uns heran. Wir daten, aber bleiben oberflächlich. Wir vergleichen die Menschen wie Katalogware. Gäbe es zu jedem neuen Kandidaten eine Vorabinformation der Ex-Partner und Ex-Dates, die meisten von uns würden hieraus die Beziehungsfähigkeit ableiten.

Besonders Frauen kompensieren ihre fehlende Beziehung mit ihren Mädels. Frauenfreundschaften lassen mehr Nähe zu. Frauen sind vernetzt und kümmern sich intensiver um soziale Kontakte. So sind sie nicht einsam und *sparen* sich die Partnerschaft.

Ist nicht die Beziehung, die zur Familie wird, die Basis unserer jetzigen Gesellschaft? Wie wollen Sie leben? Konnten Sie schon positive Erfahrungen sammeln? Sind Sie mit sich selbst zufrieden? Das Verlieben ist nicht die Komplett-Lösung für all unsere Sorgen, Wehwehchen und Probleme. Das Verlieben bereichert uns. Es macht Freude. Es ist spannend. Und wir dürfen unsere Lebensthemen mit einem anderen Menschen teilen, d.h. das müssen wir sogar. Denn nur durch Offenheit, Kommunikation und aktive Teilhabe am Partner kann aus dem Verlieben Liebe entstehen.

Nun aber zu den Grundlagen, die es Ihnen, Frauen wie Männern erleichtern sollen, sich für gewisse Punkte zu sensibilisieren. Sicher betrifft Sie nicht alles hundertprozentig.

Wir leben in einer Frauengesellschaft, daher bekommen jetzt ausnahmsweise die Männer den Vortritt. Natürlich können Sie selbst wählen, welchen Teil Sie zuerst lesen.

Freya Frauenknecht

DREI-STUFEN-FAHRPLAN FÜR HERREN

Machen wir uns nichts vor, wir befinden uns im Krieg der Geschlechter. Frauen weisen Männer radikal ab und geben ihnen keine Chance an sich heran zu kommen. Wenn Sie Glück haben, wendet sich eine von vier Frauen nicht ab, wenn Sie sie ansprechen. Positiv ist diese Bilanz allerdings erst recht nicht, da diese Eine Sie dann anschaut, als würden Sie sie gerade auf offener Straße misshandeln wollen.

Meine Herren, ich bin sicher, Sie haben das schon erlebt. Es liegt nicht an Ihnen. Meine Geschlechtsgenossinnen haben einfach in den vergangenen Dekaden die Bodenhaftung etwas verloren. Oder netter ausgedrückt, ihre Wertevorstellungen haben sich irgendwie verflüchtigt. Trotzdem jammern Single-Frauen überall und immer, dass sie ja so gerne einen Mann an ihrer Seite hätten. Soll heißen: Sie sind noch gefragt meine Herren! Allerdings haben sich die Spielregeln verschärft und daher bereite ich Sie auf die Frauenwelt vor. Das ist sicher nicht immer schön (vor allem nicht für die Damen ...) aber da es im Großen und Ganzen um die landesinterne Völkerverständigung geht, lasse ich Sie an meine Coaching-Erfahrungen teilhaben. Wie Sie eventuell schon gesehen haben, gibt es auch eine *Erfolgreich verlieben - Damenausgabe*, diese lege ich Ihnen zusätzlich noch ans Herz. Betrachten Sie meinen Ratgeber als Coach, der Sie mit einem Augenzwinkern begleitet. Sie sind einzigartig so wie Sie sind. Die Herrenausgabe zielt auf die Steigerung ihrer Attraktivität als Mann ab. Das Ziel ist, dass Frauen Sie nach der Umsetzung des Ratgebers von sich als potenziellen Partner entdecken und umgarnen. Da Männer die Eroberer sind, kann ich Ihnen diese Rolle nicht abnehmen, aber Sie werden sehen – das bekommen wir hin.

Ich könnte Ihnen viel erzählen. Für gewöhnlich geht es in Ratgebern um das Finden der inneren Mitte. Vielleicht haben Sie ja bereits den ein oder anderen gelesen. Sicher sind diese Ratschläge auch richtig und gut. Doch warum funktionieren sie nicht bei jedem oder nicht sofort?

Ganz einfach, weil die Basis fehlt. Ich verdeutliche Ihnen die Basis am folgenden Beispiel: Sie wollen ein neues Auto. Seit längerem beschäftigen Sie sich damit und haben Kalkulationen aufgestellt und Konditionen verglichen. Ihre Anforderungen an den Wagen sind klar, genauso wie die Preis-Range. Sie entscheiden sich für einen gut erhaltenen Gebrauchtwagen und vereinbaren einige Besichtigungstermine in ihrer Umgebung.

Sie sehen mehrere Wagen desselben Modells. Preislich gibt es keine Unterschiede. Schließlich bleiben zwei Autos übrig, beide sehen gleich aus und haben qualitativ keine gravierenden Unterschiede. Nur ist der eine Wagen gepflegter als der andere, sprich von der Felge bis zum Motor ist alles blitzblank und top in Schuss, während dem Vorbesitzer des zweiten Wagens lediglich die Funktion wichtig war. Beide Autos unterscheiden sich also nicht in Form, Ausstattung und Preis. Ohne lange zu überlegen – welchen nehmen Sie? – Na klar, den Gepflegten! Logisch!

Noch einfacher: Sie wollen einer Frau Blumen mitbringen, daher gehen Sie zum Floristen um die Ecke. Wählen Sie hier alle Blumen etc. einzeln aus oder beauftragen Sie den Floristen einen wunderbaren Strauß zu binden? - Natürlich fragen Sie nach dem Strauß! Weshalb alles kompliziert machen, wenn es bereits eine Komplettlösung gibt?

In Bezug auf Sie persönlich heißt das, dass Sie erst einmal eine stabile Grundlage brauchen, um von Frauen überhaupt gesehen bzw. erkannt zu werden. Es mag sein, dass noch einige Ladies mit einem Helfersyndrom herumlaufen ... klar, die Hoffnung stirbt zuletzt, aber verlassen Sie sich nicht darauf! Die ersten Sekunden entscheiden, ob eine Frau Sie als potenziellen Partner wahrnimmt oder eben nicht. Und eines ist klar – die Anforderungen werden immer härter.

Sie können natürlich gleich mit der Königsklasse einsteigen und Ratgeber zur inneren Ruhe und Ausgeglichenheit lesen. Natürlich! - Starten Sie mit Selbstbewusstsein und Körpersprache! Egal ob Sie aussehen wie ein Vollidiot und stinken wie ein Iltis ... wenn die Körpersprache stimmt, und das Ego gebauchpinselt wird ... dann klappt das mit den Frauen wie von selbst. – Wo leben Sie bitte, dass Sie so einen Schwachsinn glauben?! An diesen Dingen können Sie noch lange genug feilen, allerdings satteln wir das Pferd auch nicht von hinten auf! Sollten Sie alle drei Stufen durchgezogen haben, dann können Sie an ihrer Persönlichkeit arbeiten. Aber nicht jetzt. Denn jetzt haben wir wirklich Wichtigeres zu tun. Sie brauchen die absolute Grundlage. Warum? Sie möchten gleich starten mit *Mädels klar machen*? Ja, sicher ... und was, wenn Sie tatsächlich eine Dame überzeugen könnten mit Ihnen heute Abend nach Hause zu gehen? Könnten Sie dieser Frau guten Gewissens Ihr zu Hause präsentieren? Würden Sie ihr Aktiendepot verwetten, dass diese Dame (sofern sie in der Oberliga spielt) Sie freiwillig ein zweites Mal besucht?

Sie haben Ansprüche an eine zukünftige Partnerin, oder? Sind Sie heute in der Lage ihre Zielgruppe mühelos in eine Partnerschaft zu bekommen? - Aha, und weshalb lesen Sie jetzt diese Herrenausgabe? Eben! Sie wollen keine drittklassigen Tussen mehr abschleppen, sondern endlich Frauen mit Format. Na also, nichts leichter als das – allerdings nur mit der Umsetzung des Drei-Stufen-Fahrplans!

Ich bin sicher, Sie haben vom Verkupplungsversuch mit der schwer vermittelbaren Cora (die mit den schiefen Zähnen und der herausgewachsenen Blondierung) über die Speeddating-Runde im Gasthaus mit zahlreichen betrunkenen dauergewellten Papageien bis über die Elite-Dates übers Internet einiges durchgemacht in letzter Zeit. Gönnen Sie sich eine Pause. Sie werden sehen, das tut Ihnen gut! Und ich garantiere Ihnen – Sie verpassen nichts! Die Frauen die Sie wollen, haben ein eigenes Leben, und daten sich nur ausnahmsweise und auch nur mit ganz erlesenen Herren. Also, misten Sie guten Gewissens Ihre Online-Profile aus und kontaktieren Sie nur Damen die sich nicht schon seit 1985 durch die Datenbank vögeln ... *so Eine* suchen Sie nämlich nicht – sollten Sie allerdings nichts gegen Geschlechtskrankheiten und sexuelle Nötigung haben (wir erinnern uns an die Herren die splitterfasernackt auf irgendwelchen Balkonen in irgendwelchen Großstädten nach Hilfe rufen, um aus ihrer sexuellen Gefangenschaft zu entwischen ...) dann machen Sie ruhig so weiter – mein Tipp: Kondome schützen!

Sie sind noch da? Prima, ich beglückwünsche Sie zur Teilnahme am Fahrplan! Wir haben keine Zeit zu verlieren! Erfahren Sie, worauf es in der Realität ankommt. Werden Sie zum begehrenswerten Mann, der alles kann! Genau so einen wollen Frauen haben. Keine Panik, Sie erfahren genau wie es geht. Ich verspreche, wie immer, keine Wunder. Es ist klar, dass Sie ihr Leben sehr wahrscheinlich etwas umstellen müssen. Und selbstverständlich braucht dieser Prozess Zeit. Mir geht es allerdings nicht darum irgendwelche spirituellen Übungen mit Ihnen durchzugehen. Ich gebe Ihnen die Tipps, die Sie nur von Frauen bekommen können. Sie sind allesamt umsetzbar und zeigen schnelle Erfolge – Sie werden staunen.

In meiner Arbeit als Coach habe ich die Schritte bereits mehrfach angewandt – stets zielführend und erfolgreich. Welche Anforderung haben Sie an ihre zukünftige Freundin? Sicher eine Menge! In meinen Coachings kristallisieren sich i.d.R. schnell folgende Punkte heraus, der Einfachheit halber zitiere ich Klienten: „Sie soll attraktiv sein, wenn möglich sportlich und elegant. Ich will sie auf jeden Fall herzeigen können. Meine Freunde sollen sie auch toll finden. Unkompliziert muss sie sein und spontan. Groß und langhaarig, sexy und einen guten Job muss sie haben."

Sie hätten auch gerne so ein Kaliber? Den Typ „lässiges Supermodel, gut situiert". Na klar. Nichts leichter als das, meine Herren. Allerdings ist das angesichts der momentanen Ausgangslage noch nicht möglich. (Außer Sie gehören zu den Ausnahmen der Männer ... aber da Sie heute Zeit haben diese Tipps zu lesen, gehe ich davon aus, dass Sie noch keine Superfreundin an ihrer Seite haben ...)

Freya Frauenknecht

STUFE I

Im Folgenden spreche ich von den Stufen und Dimensionen des Coachings. Es ist wichtig, dass Sie alle Stufen befolgen. Nur unter Berücksichtigung aller Schritte gelingt das Coaching. Seien Sie ehrlich zu sich, beschönigen Sie nichts. Alles was wir gemeinsam ändern, wird von potenziellen Partnerinnen und deren Freundinnen akribisch überprüft. Seien Sie also gewissenhaft und genau in der Ausführung. Die Umsetzung ist alles. Sie wollen den Durchmarsch, also tun Sie was dafür.

Dimension I: Wohnen

Anke und Michael haben sich vor einer Woche im Freibad kennengelernt. Dort haben die beiden sich gut unterhalten und auf dem Heimweg einen Kaffee miteinander getrunken. Vier Tage später, am Mittwoch trafen Sie sich beim Griechen in Ankes Viertel. Es blieb bei einem Abschiedskuss, klar hat Michael Anke eingeladen. Heute, am Samstag hat Michael Anke zum

Essen in seine Wohnung gebeten. Er ist nervös, geht aber von einer Punktlandung aus. Seine Mutter hat mit ihm via Telefon gekocht. Es klingelt! Anke ist da. Michael atmet tief durch und öffnet. Anke sieht super und möchte ihm einen Kuss geben, doch in diesem Moment fällt seine Schlägersammlung über seine Inline-Skates auf Ankes Füße ... „Oh sorry, das hält sonst immer" ... „Naja, nicht so schlimm. Riecht schon würzig hier, lecker (oder sind das seine 100 Paar Turnschuhe hier im Flur??) ... " „Ja, ich hab mir gedacht ich mach uns Lasagne und Salat" ... Glück gehabt Junge, dass du tatsächlich was mit Käse machst, jagt es Anke durch den Kopf. Er bringt Sie zum Essplatz. Überall liegen Prospekte, Rechnungen und sogar Mahnungen herum. Anke schaut sich irritiert um „Wollen wir nicht lieber draußen essen, du hast ja einen wunderbaren Balkon!" „Ach, auf dem stehen noch die leeren Bierkästen Anke, sorry ... ich bin selten zu Hause..."

Wir könnten jetzt noch abwarten bis Anke den Ketchup-Fleck auf Michaels Couch bemerkt und sich deshalb nicht an ihn schmiegt, als die beiden durch diesen Fleck getrennt auf dem Sofa sitzen. Oder wir *switchen* ins Schlafzimmer, in dem Michael sich über sein Date hermachen will ... das Bett muffelt so sehr, dass Anke schlagartig die Flucht ergreift als sie mit ihrem Näschen zufällig am Kissen schnuppert.

Was denken Sie? Gibt es für Anke und Michael eine Wiederholung? Werden Sie sich evtl. bei Anke wieder sehen? – Ach, träumen Sie weiter ... natürlich nicht!

Mag sein, dass Sie nicht so schlimm sind wie Michael, mag sein dass Sie schlimmer sind, schließlich waren wir nicht mit Anke auf dem Klo – sie war zwar im Bad, zog es angesichts des unappetitlichen Raumes vor, ihre Notdurft zu Hause zu verrichten.

Natürlich können Sie wohnen wie Sie wollen. Sicher dürfen Sie auch den eigenen Stil haben. Aber bei Anke und Michael ging es nicht um Stil oder Wohnen. Problematisch waren die äußeren Umstände. Sie sind nicht gesetzt, daher haben Sie diese in ihren Händen. Eine Essenseinladung zu Hause – Das ist Ihr Ziel, meine Herren! Das ist Ihr Heimspiel! Meine Absicht ist es, Sie anhand des Fahrplans auf die Liebe vorzubereiten. Die Liebe schlägt ein wie eine Bombe, daher müssen Sie darauf vorbereitet sein.

Fangen wir an. Wie sieht ihr zu Hause aus? Machen Sie Fotos und lassen Sie den Eindruck auf sich wirken. Wäre ihr zu Hause ein möblierter Wohnraum, würden Sie es mit dem Label *Premium* guten Gewissens versehen können? Oder gleicht ihre Bleibe eher einer *Rumpelkammer*?

Misten Sie aus, entsorgen Sie stilloses Gerümpel aus ihrem Wohnumfeld. Ihr Ziel sollte eine Wohnung sein, die potenziellen Partnerinnen sofort beim Betreten signalisiert „der Typ versteht was von Wohnen mit Stil, der kann leben!" Eine schöne, ordentliche und gepflegte Wohnung ist der Schlüssel zum Erfolg.

Wie oft reinigen Sie ihre Wohnung? Falls Sie ungerne den Wischmopp schwingen, besorgen Sie sich Reinigungsunterstützung in Form von einer Zugehfrau.

Haben Sie genug Stauraum für all Ihre Utensilien? Oder sieht man auf den ersten Blick ihr ganzes Sport-Equipment? Haben Sie einen ordentlich verschließbaren Schuhschrank? Sorgen Sie für möglichst gut organisierte Stauraum-Lösungen, wenn es sein muss im gut sortierten Möbelhaus. Setzen Sie dabei auf dezentes Design, das elegant, hochwertig und zurückhaltend ist und auf keinen Fall zu modisch!

Ist Ihre Wohnumgebung appetitlich? Mit anderen Worten, würde sich eine Klasse-Frau auf ihrem Teppich, ihrer Küchenzeile oder ihrem Küchentisch räkeln? Wenn Sie diese Frage nicht mit einem klaren „JA" beantworten können: Machen Sie eine total-Grundreinigung, werfen Sie alten Krempel raus, besorgen Sie sich einen tollen Kuschelteppich. Hände weg von femininen Deko-Artikeln. Sie sind ein Mann!

Sie wohnen wie ein Kerl! Nüchtern, klar, strukturiert und vor allem **gepflegt**!

Entsorgen Sie ihren Müll regelmäßig, Vermeiden Sie störende Mülltrennungsansammlungen, halten Sie ihre Vorratshaltung schlank und übersichtlich. Besorgen Sie sich einheitliche Handtücher und Badvorleger. Setzen Sie auf schlichte Bettwäsche. Investieren Sie in eine schöne Beleuchtung. Hände weg von Deckenflutern!

Streichen Sie ihre Wände regelmäßig weiß. Keine Farbexperimente. Lieber schlicht und stilsicher. Hände weg von zu viel Technik. Setzen Sie auf einheitliche Farben und Formen, greifen Sie in Bezug auf Technik unbedingt zu Markengeräten. Und auch hier: die Größe des Flat-Screens ist nicht entscheidend, wichtig ist ein ausgewogener Wohnraum!

Halten Sie Ordnung. Zeitungen, Bücher, Post etc. nach dem Lesen entsorgen oder verstrauen. Besorgen Sie sich für Ihren Heimarbeitsplatz einheitliche Ordner am besten in grau. Lassen Sie Kabel hinter dem Mobiliar verschwinden, und gehen Sie davon aus, dass Sie jede Minute von Besuchern überrascht werden können. Das heißt: Sie gammeln nicht auf dem Sofa im Jogger herum. Sie sind erwachsen und benehmen sich. Deutlich: Nach dem Aufstehen machen Sie ihr Bett (das Sie im Übrigen spätestens alle zwei Wochen frisch beziehen!), sie waschen und rasieren sich und machen sich für den Tag fertig. In der Küche bereiten Sie sich ihre Mahlzeiten so zu, als bekämen Sie Besuch. Sie leben schön, auch wenn Sie es *nur* für sich tun. Sie spülen alles wieder zeitig ab, und räumen es wieder auf. Wenn Sie die Wohnung verlassen ist alles ordentlich und sauber. Wenn Sie nach einem langen Tag nach Hause kommen, finden Sie einen Ort der Ruhe vor. Hier werden Jacken in den Schrank gehängt und Schuhe ins dafür vorgesehene Schuhregal. Nur das nötigste liegt herum. Frische Blumen stehen in einer schlichten Vase wenn Sie weiblichen Besuch erwarten. Falls Sie einen Balkon oder Garten haben, ist dies ein Ort der Entspannung, meinetwegen auch einer zum Grillen, aber auf keinen Fall ein Lager für überflüssige Dinge. Auch hier herrscht Ordnung und Wohngefühl.

Halten Sie sich nicht an die genannten Punkte, empfangen Sie die von Ihnen präferierte Frau kein zweites Mal in Ihrem zu Hause. Denken Sie daran, die Frau wählt, und die weiß was Sie will!

Generell gilt: Hauptsache alles ist gut verstaut, ordentlich und schön. Ein scheußlicher Deckenfluter mag zwar praktisch sein, allerdings ist er kein Date-Magnet. Auch die zahlreichen bunten Handtücher im Bad mögen witzig sein, aber sie sind und bleiben stillos. Die witzige Klobürste vom italienischen Designer ist originell aber unpraktisch. Ihre Fitnessgeräte in der Wohnung (egal wo!) sind natürlich zweckmäßig aber inakzeptabel – außer Sie unterhalten sich einen eigenen Fitnessraum. Mülltrennung ist ok, aber in einem abschließbaren Schrank. Zeitungsstapel sind unangebracht, genauso wie staubige CD-Regale und Kinderbücher im Schrank.

Keine halbhohen Spitzenstores um Wohnbereich. Weg mit Bildern, die die Ex auf Korfu gemalt hat! Weg mit der Bettwäsche vom Lieblingsclub und weg mit den Kuscheltierchen in der Bude! Wichtig sind klare Zonen: Essbereich, Schlafbereich, Sofa oder Sessel und Arbeitsbereich. Gegessen wird am Esstisch und nicht vor dem TV. Achten Sie auf eine Art Ess- und Wohnkultur. Sie wollen bereit sein für die Top-Frau, also leben Sie so, als hätten Sie sie bereits! Keine Frau will einen Mann der nicht leben kann.

Checkliste Wohnen:
1 Grundhygiene herstellen und halten
2 Renovierungsarbeiten machen oder in Auftrag geben
3 Einrichtung überarbeiten und Stilloses entsorgen oder verschenken
4 Leere Flächen schaffen
5 Genügend Stauraum schaffen und nutzen
6 Keine Rumpelkammern dulden
7 So clean und stilvoll wie möglich
8 Alle Schritte permanent verfolgen
Motto: Stil vor Funktion

Dimension II: Sie selbst

Es ist Montag. Hannes betreut ein neues Projekt. Gerade ist direkt vom Flughafen in die Firma gekommen. Dort trifft er auf Jenny. Sie ist genau sein Typ! Hannes muss des Öfteren am Jennys Arbeitsplatz vorbei. Sie flirten und kommen am Nachmittag ins Gespräch. Alles nett, alles gut. Am nächsten Tag geht es genau so weiter. Irgendwie erwidert Jenny allerdings am Mittwoch den Blickkontakt nicht mehr. Was ist in der Zwischenzeit passiert?

Da es Hannes im Flieger schnell mal zu kalt wird, hatte er einen lässigen Schal zum Anzug an. Diesen behielt er den ganzen Montag an. Was Hannes nicht weiß – dieser Schal verdeckte seinen ungepflegte, da nicht ausrasierten, Nacken.

Am Dienstag kam Hannes also ohne Schal ins Office. Er flirtete unbeirrt mit Jenny weiter. Zudem lehnte er sich sitzen auf Jennys Tisch, sodass sein Jackett vom Körper flatterte – Jenny wandte sich ab. Der Geruch eines seit einiger Zeit nicht gereinigten, selten gelüfteten Herrenjacketts ist widerlich! Dazu kam dann noch der Team-Dinner beim Griechen am Dienstag-Abend ... Hier kam Hannes im Freizeit-Outfit. Der stattlich wirkende Mann trug hellblaue löchrige Jeans, weiße ausgetretene Sneakers und ein enges Kurzarmshirt mit ausgeleiertem Hoody ...

Hannes macht im Übrigen selten Sport, und das Beste, was ihm figurmäßig passieren konnte war ein die Anzugpflicht im Job!

Jennys Eindruck? Ach, natürlich wusste sie, dass Hannes ein normaler Kerl ist, aber am Montag, als sie ihn zum ersten Mal sah – da war er irgendwie cool. Und jetzt am Mittwoch, als er ins Büro kommt, so nach Knoblauch stinkend und unausgeschlafen ... da reißen selbst seine im Hotel polierten Schuhe nichts mehr her, denn die Absätze sind gnadenlos abgelaufen.

Meine Herren, es sind Rockstars die T-Shirts tragen, und es sind Personal-Trainer, die in Unterhemden zum Anbeißen aussehen. Machen wir uns nichts vor ... Sie sind kein Rockstar! Sie sind sicher ein cooler Typ, aber kein Rockstar! Um so gleichgültig unverschämt gut auszusehen, da braucht es sie – diese gelebte und echte Lässigkeit ... Nichts für ungut, Männer, aber die Wenigsten haben die. Moment, nicht dass Sie mich jetzt missverstehen ... Sie sollen sich keine Pseudo-Coolness antrainieren nur um ihre Altkleider auftragen zu können! Sie müssen kein Rockstar werden. Wichtig ist nur, dass Sie sich darüber im Klaren sind, was sie mit ihrem Auftreten sagen.

Im Grunde tendieren Frauen zum bodenständigen soliden Mann. Das ist gut für Sie! Denn Sie sind, sofern Sie eine einigermaßen sichere Einkommensquelle haben, grundsätzlich schon mal attraktiv für die Damenwelt. Da Sie sich aber nicht irgendeine Frau an Ihrer Seite wünschen, vermeiden Sie zukünftig alle Fehler. Im Folgenden legen wir unser Augenmerk auf ihre Körperhygiene und ihre Kleidung. Keine Panik, ich schicke Sie nicht ins Training und ich verordne auch keine Diät. Es geht um die Oberfläche.

Wenn Sie eine Frau sehen nehmen Sie diese visuell wahr. Ergibt sich die Gelegenheit erhaschen Sie im Vorbeigehen ihren Duft oder Körpergeruch. Umgekehrt ist das nicht anders. Daher geht es nun darum, alle Störfelder zu eliminieren. Sie sind ein Mann – Sie überlassen solch planbare Dinge nicht dem Zufall!

Sehen Sie sich an. Wir beginnen mit ihrem Gesicht. Frisur, Nacken, Ohren, Nase, Augenbrauen. Haut, Zähne? Kinn? Sehen Sie störende Härchen? Ihr Körper: Brust, Arme, Bauch, Rücken und Hände? Becken, Intimbereich, Po? Beine und ganz wichtig: Füße? Wie riechen Sie? Sind ihre Zähne gepflegt? Ist Enthaarung ein Thema, das bei Ihnen angekommen ist? Haben Sie gepflegte Füße die gut riechen? Könnten Sie jederzeit wichtige Verhandlungen im Beruf in der Unterwäsche führen, weil Sie einen gepflegten Körper in gepflegter Unterwäsche haben?

Gehen Sie zur Kosmetikerin und lassen Sie sich Folgendes zeigen. Maniküre, Pediküre, Augenbrauenkorrektur, Haarentfernung an Ohren, Nase und Rücken. Stutzen Sie sich ihre Haare im Achsel- und Intimbereich. Passen Sie hierbei genau auf, echte Männer pflegen sich nämlich selbst. Denn, wie Sie sehen, benötigen Sie ihr Geld noch für genug andere Dinge.

Kürzen Sie spätestens wöchentlich Finger und Fußnägel und entfernen Sie zweimal wöchentlich nach dem Duschen ihre Hornhaut. Ihr Körper, d.h. ob sie dick sind oder dünn, trainiert oder nicht, das macht fast keinen Unterschied. Hauptsache ihr Nacken ist immer ausrasiert, ihre Frisur wird monatlich korrigiert und sie habe einen guten Körpergeruch und sind immer **überall** frisch gewaschen und haben geputzte Zähne! Ein Tipp am Rande: Übermäßiger Fleischkonsum ist für guten Körpergeruch nicht gerade förderlich. Nehmen Sie daher maximal jeden zweiten Tag Fleischprodukte zu sich.

Was verrät Ihnen Ihr Blick in Ihren Kleiderschrank? Was für Firmen kaufen Sie? Sitzt Ihre Kleidung gut? Ist Ihr Sortiment verschlissen? Könnten Sie jederzeit auf ein Date oder zur Schwiegermutter? Wie steht es denn mit ihren Schuhen? Sind die frisch besohlt und gut geputzt?

Ok, besorgen Sie sich ausreichend Socken in schwarz, egal, ob Sie Jeans oder Anzug tragen im Job. Kaufen Sie sich im gleichen Stil Unterwäsche. Danach kaufen Sie sich weiße und hellblaue Hemden nur langärmlig – egal ob Sommer oder Winter (denn Kurzarmhemdträger sind die Turnbeutel-Vergesser, sagen die Frauen). Sie kaufen nur uni-farbene Hemden. Verboten ist ein großes Karo oder Streifen! Setzten Sie bei Krawatten auf Klassiker, sie sind schlicht, oft uni und zeitlos! Keine Modesünden! Investieren Sie lieber in gute Lederschuhe, Ledergürtel und Portemonnaie. Am besten von soliden Mittelklasse- oder Premium-Herstellern. Hier erhalten Sie zeitlose und qualitativ hochwertige Ware, die Ihnen einen stilvollen Auftritt sichert. Greifen sie zu Artikeln, mit möglichst kleinem Logo oder Label. Besorgen Sie sich schlichte dunkelblaue Jeans, die ihren Hintern in Szene setzen. Wichtig sind Herrenschuhe, gerne auch Stiefeletten in schwarz und braun, sowie Sneakers eines Marken-herstellers. Falls Sie Brillenträger sind, greifen Sie zu italienischen Designermodellen. Verlassen Sie sich nicht auf die Meinung von allen Verkäuferinnen, falls Sie diesen misstrauen, verlangen Sie nach männlichen Beratern.

Ganz wichtig: Kaufen Sie sich Socken, die ihr Bein bedecken, wenn Sie sich setzten. Ganz unsexy sind die heraus blitzenden Herrenbeine unter zu kurzen Hosen! Vermeiden Sie diese indem Sie die richtigen Socken wählen. Lassen Sie sich im Zweifelsfall beraten. Generell wählen Sie lieber Klassiker, die sind zeitlos, wertstabil und kommen immer besser als geschmackloses modisches Zeug. Kleiden Sie sich ihrem Alter entsprechend.

Vereinbaren Sie regelmäßige Zahnreinigungen beim Zahnarzt und verwenden Sie eine elektrische Zahnbürste. Gehen Sie in Sie Sonne und bewegen Sie sich an der frischen Luft, das macht schön. Trinken Sie viel, das macht schöne Haut. Besorgen Sie sich eine Lippenpflege, Augencreme und einen guten maskulinen Duft, sowie Fuß-Creme ein gutes Deo und einen Peeling-Waschlappen (für den Körper). Sie wenden die vorgenannten Produkte an! Den Peeling-Waschlappen monatlich und die Pflege und Duftprodukte täglich mindestens einmal!

Um beide Dimensionen der ersten Stufe umzusetzen braucht es neben Zeit auch Geld. Das ist klar. Sparen Sie sich in dieser Zeit unnötige Dates, da Sie ohnehin noch nicht *abschlussbereit* sind. Verkaufen Sie unnötiges Zeug, fangen Sie in kleinen Schritten an. Und seien sie trotzdem preisbewusst, es kommt noch viel auf Sie zu. Kalkulieren Sie und kaufen Sie keine unnötigen Dinge.

Sie erwarten eine Frau, die Stil hat. Sie wollen beneidet werden um dieses *Hammermodell*. Behalten Sie wieder im Hinterkopf: Die Frau wählt. Werden Sie in dieser ersten Stufe zum adäquaten Gegenüber!

Was haben Verflossene bereits an Ihnen kritisiert? Gehen Sie in sich und beheben Sie schnellstmöglich oberflächliche Kritikpunkte. Nichts ist leichter als das! Weg mit ausgelatschten Sneakers aus den Neunzigern! Weg mit löchrigen Kleidungsstücken. Sie behalten nur die Teile, die Ihnen passen, alles was zu klein, zu kurz, zu eng oder zu verwaschen ist kommt weg! Ebenfalls trennen Sie sich von groß gemusterten Teilen und Kurzarmhemden. Ersetzen Sie diese durch Poloshirts einschlägiger Marken oder No-Name-Artikel ohne Logo. Kultivieren Sie Ihren Stil und unterscheiden Sie Business von Freizeit. Entsorgen Sie scheußliche und minderwertige Kleidung. Holen Sie sich notfalls Hilfe von tollen Frauen oder Männern im Freundes- oder Verwandtenkreis. Seien Sie gnadenlos mit sich. Sollten Sie nämlich eine favorisierte Frau kennenlernen, ist keiner kritischer als sie und ihre besten Freundinnen. Achten Sie ganz penibel auf ihre Erscheinung!

Checkliste Mein Stil und ich
1. Körperhygiene überprüfen und korrigieren
2. Körperpflege lernen und stets einhalten
3. Garderobe überprüfen, aussortieren und ersetzen
4. Anzüge, Jacketts und Blazer sowie Mäntel etc. regelmäßig reinigen lassen und lüften (Muffelgefahr!)
5. Augenmerk auf wertige Schuhe, Gürtel, Portemonnaie und Krawatten
6. Setzen Sie auf Markenprodukte
Motto: Understatement vor Logoprint

Suchen Sie sich grundsätzlich Stil-Vorbilder, diese können Schauspieler sein, Bekannte oder Kollegen. Mit der Zeit werden Sie merken, dass sich eine gewisse Stilsicherheit einstellt. Sollte Sich diese nicht einstellen, scheuen Sie es nicht, sich beraten zu lassen. Nennen Sie allerdings ihre Vorbilder. Diese Stil-Vorbilder sollten ihrem echten Typ entsprechen. Es hat also wenig Sinn, sich Vorbilder mit anderer Haarfarbe oder sehr abweichender Figur zu suchen.

Die erste Stufe mit ihren Grundregeln ist essentiell. Sie Fall eingehalten werden. Dienlich ist es in dieser Phase zusätzlich, sich innerlich von Ex-Freundinnen zu verabschieden. Packen Sie ausgewählte Erinnerungen in eine Kiste im Keller, und hören Sie auf, verflossenen Damen nach zu heulen. Sollten Sie kurz nach der Trennung eine potenzielle Dame kennenlernen, schimpfen Sie niemals über Ihre Ex! Sie ist kein Thema. Frauen gehen davon aus, dass Sie ihre vorherigen Beziehungen bereits gut verarbeitet haben.

Generell sollten Sie in dieser Phase auch lernen, kleine Gerichte selbst zuzubereiten. Das sorgt für Überraschung und zeugt von Lebensfähigkeit. Frauen wollen Männer, die gut überleben können. Auch wenn Sie eine Putzfrau haben, lernen Sie den Staubsauger zu benutzen und den Boden zu wischen. Sie wissen nie, wann sich zukünftig ihr Besuch ankündigt, und Sie wissen ja, in einer ordentlichen Wohnung in der ein appetitlicher Mann kultiviert lebt, räkeln sich attraktive Frauen ohne ihr Zutun ... (vorausgesetzt Sie beherzigen auch noch *Stufe II und III*) ... warten Sie es ab!

Noch ein Tipp zum Ausgehen: Weißes Langarmhemd, dunkelblaue Jeans und schwarze Lederschuhe, dunkle Loafer oder Designer-Sneakers – damit sind Sie gut gerüstet um einen Drink etc. einzunehmen.

STUFE II

Dimension I: Auto

Sie haben gar kein Auto?! Es verhält sich auch heute wie früher als Teenager. Wer kein Auto hat, kommt nicht in Frage. Es geht aber noch weiter. Wer das falsche Auto hat, braucht nicht einmal von der Traumfrau träumen, in dem Fall ist kein Auto vermutlich noch irgendwie *süß*.

Nicole lernt Rick auf der Geburtstagsparty einer Freundin kennen. Er ist wie sie Mitte 30 und lebt und arbeitet in Nicoles Gegend. Die zwei verabreden sich für Anfang der Woche. Er ist absolut tiefenentspannt. Die beiden essen beim Inder. Rick erzählt von seiner Weltreise mit dem Rucksack und Nicole ist begeistert. Nach dem Essen würde Rick Nicole gerne heimfahren. Nicole hat kein Auto und ist mit den Öffentlichen Verkehrsmitteln zum Inder gekommen. Auf dem Weg zum Parkplatz stehen super Autos. Der Parkplatz selbst ist dann dunkel. Rick nimmt es mit Humor: „Hey

Nicole, kannst du mir helfen meine Karre zu finden?!"
„Sperr doch auf, dann blinkt sie doch" kichert Nicole.
„Ich muss tatsächlich noch mit meinem Schlüssel
aufsperren... hab 'nen Oldtimer... " Wie cool, denkt
Nicole – einen Oldtimer – wie cool! Als Rick dann
endlich seinen Wagen gefunden hat, sieht Nicole ihn in
einen uralten und völlig zusammengerosteten Fiat Uno
einsteigen. Sie steigt dann ebenfalls ins Auto und lässt
sich heimfahren. Ohne große Reden oder Gesten
verschwindet sie ins Haus. Rick wundert sich, warum
sie seine Anrufe und SMS nicht entgegennimmt oder
beantwortet. So materiell wird Nicole doch nicht sein,
dass sie Rick wegen des Autos nicht mehr wieder sehen
möchte?

Meine Herren, merken Sie sich eins: Rockstars,
Popstars, Könige und Prinzen müssen sich um die
Wahl ihres fahrbahren Untersatzes keine Sorgen
machen – solange sie im Geschäft sind, weiß jede Frau,
dass sie sich alle Autos der Welt leisten könnten.

Sie allerdings, werte Männer, Sie befinden sich im
Krieg. Sicher, es muss kein Aston Martin sein und auch
kein Ferrari. Wichtig ist, dass Sie einen Führerschein
haben und ein ordentliches Auto. Klare
Handlungsanweisung: Machen Sie den Führerschein
und kaufen oder leasen Sie sich ein Auto! Und zwar ein
deutsches! Etwas Maskulines und möglichst aus der
aktuellen Baureihe. Was man über die Männer mit

Porsche sagt stimmt. Der Wagen zieht die Mädels an. Hände weg von Japanern. Es muss ein begehrenswerter Schlitten sein, gerne sportlich. Das richtige Modell ist entscheidend. Die meisten Frauen haben zwar keine Ahnung davon, aber sie haben alle Väter. Geländewagen, Sportwagen – BMW, Audi, Porsche – her damit!

Rechnen Sie sich die Modelle durch, ein Preisvergleich lohnt sich. Stellen Sie sich dem Thema. Vermeiden Sie typische Frauenmarken und wählen Sie falls es ein VW sein muss die Offroader-Variante. Achten Sie auf das Image der Marke! Hände weg vom Mazda-Cabrio etc. Kein Pseudo-Sportwagen! Dann lieber eine bezahlbare Limousine!

Obligatorisch ist ein sauberes ordentliches Auto. Es ist ihre Visitenkarte, genauso wie ihre Wohnung. Sie müssen nicht übertrieben oft in die Waschanlage. Aber denken Sie daran, dass Sie fortan Ihre tolle Freundin abholen, die in ihrem Designerkleid auf Ihrem Beifahrersitz Platz nehmen wird. Wäre doch unschön wenn: 1. Diese Begrüßungsszene von einem gammligen Fastfood-Verrottungs-Geruch begleitet würde, 2. Wenn dieses göttliche Wesen auf einem Kaugummi festkleben würde, 3. Es im Auto nach Aschenbecher riecht und 4. Wenn eine heiße Szene hier auf Grund der ausgelagerten Sportutensilien hier nicht möglich wäre...

Dimension II: Uhr

„Ines, stell dir vor, heute war ich mit Tom was trinken ... hey der Typ an sich wäre ja wirklich ok, aber stell dir vor ... " „Was – Anna – was?!" „Ines! Tom hatte eine Lederimitat-Jacke an und dazu doch tatsächlich noch eine gefälschte Breitling am Arm! – Voll peinlich ... wär er mit einer ehrlichen Swatch gekommen und in einem lässigen Blazer, hätte er mir besser gefallen ... " „Oh Anna, das tut mir leid – solchen Typen kann man echt nicht trauen, die schenken einem dann zur Verlobung auch ein Glassteinchen statt einem Brilli! Hände weg!" „Ines, das sehe ich genau so, ich war dann auch zurückhaltend. Ich hoffe er kommt selbst drauf. Von uns erwarten Sie alles Mögliche und dann sind sie selbst so eine Mogelpackung!"

Ja, es ist unschön, wie die Damen sich über Dates austauschen. Und ja, eigentlich sollte es um den Menschen gehen – nicht um sein Auto, seine Uhr oder sein Auftreten. Geben Sie Frauen und deren Freundinnen daher so wenig Angriffs- oder Kritikfläche wie möglich. Viele Frauen sehen in Männern nach wie vor den Versorger ihrer Familie, d.h. auch wenn sie das nicht bewusst zugeben würden, sie suchen nach einem soliden Hafen der ihnen zumindest alle finanziellen Sorgen abnimmt. Das ist evolutionsbedingt so. Klar haben Frauen heute ihre eigenen Existenzen und sind betont unabhängig, trotzdem fahren sie ab auf Werte. Das ist so. Daher reagieren sie empfindlich auf Imitate und Minderwertiges. Es gilt: Marke zählt! Das können Frauen einfach vergleichen. Sehen Sie die Uhr als Investment und Wertanlage. Achten Sie auf gängige Modelle. Keine Experimente! Greifen Sie zu zertifizierter Vintage-Ware, wenn Sie kein neues Modell haben wollen. Hier haben Sie den Vorteil, dass die Damen denken, Sie hätten schon immer Stil gehabt. Gehen Sie zu vertrauensvollen Händlern und hören Sie sich um. Keine Plagiate! Frauen hassen Plagiate! Niemals Plagiate! Irgendwann kommt es raus! Investieren Sie in jedem Fall lieber in eine ordentliche Uhr als in Siegelringe, Manschettenknöpfe oder Krawattennadeln – Klar?!

Dimension III: Technik

Fortan achten Sie auch hier auf Markenprodukte. Alles soll so hochwertig wie möglich sein! Vergleichen wir doch die Frau, die Sie wollen, mit einer Immobilie auf Mallorca in erster Meerreihe. Diese Immobilie ist weit entfernt von einer dritten oder vierten Meerreihe. Wechseln Sie die Liga – das ist die einzige Chance die Sie haben. Wechseln Sie von dritter Meerreihe in die erste Meerreihe! Los jetzt, keiner hat gesagt, dass es ohne Mühe, Gefühl und Geld geht. Frauen suchen Männer mit klaren Versorger-Merkmalen. Sie haben bisher schon viel zu lange gepennt, also rüsten Sie auf! Frauen und Rentner können Tevion-Produkte haben, oder Elektroartikel von Tchibo – Männer nicht! Sie haben Markenartikel, die auch formschön sind.

Beispielsweise setzen Sie wieder auf den Werterhalt (denn Sie sind ein Mann, Männer machen sowas!) daher kaufen Sie z.B. Apple. Klar! Sie wollen schöne und gute Produkte, die ihren Wert halten! Sie sind clever und können rechnen! Verstanden? Keine scheußliche Maus, keine geschmacklose Tastatur – Sie haben Stil!!!! Denken Sie immer daran: Stil vor Funktion!

Dimension IV: Outfit

Nur noch zur Vertiefung: Wollen Sie keine Partnerin, deren Kleid muffelt und deren Schuhe vor der Haustür parken müssen? Oder wollen Sie neben einer Frau aufwachen, deren Körpergeruch unerträglich ist? Wollen Sie Ihre Partnerin zum Duschen oder Zähneputzen auffordern müssen? Ich denke diese Themen dürften klar sein. Achten Sie auf Körperhygiene. Kaufen Sie qualitativ hochwertige Kleidung aus Naturmaterialien (keine Synthetik) und waschen bzw. reinigen Sie alles regelmäßig. Sie putzen sich mindestens zweimal täglich die Zähne, sowie immer bevor Sie das Haus verlassen. Verwenden Sie auch einen Duft! Nichts ist erfolgreicher als der Erfolg. Sie verkörpern mit ihrem Stil Erfolg! Merken Sie sich das! Sollten Sie diesen noch immer nicht ausstrahlen, machen Sie sich sofort an die Arbeit!

Dimension V: Musik

Legen Sie sich für alle Gelegenheiten Playlists an. Vom netten Partymix über die Begleitung zum Abendessen bis zur Untermalung der gemeinsamen Nacht im puristischen Schlafzimmer haben Sie selbstverständlich die richtige Musik. Ich verlasse mich auf Sie.

Freya Frauenknecht

STUFE III

Dimension I: Männlichkeit

Wie geht es Ihnen eigentlich heute als Mann? Haben Sie sich darüber denn schon Gedanken gemacht? Was erwarten Sie denn vom Leben? Wollen Sie denn überhaupt eine Partnerschaft mit all ihren Konsequenzen?

Zum Thema Mann bzw. Männlichkeit gibt es verschiedene Ansichten. Anhand von konkreten Beispielen beschreibe ich Ihnen die *gängigen Varianten*.

Hermann ist als ältester Sohn auf dem stadtnahen Land aufgewachsen. Zu Hause hat er selbstverständlich Aufgaben rund um das Haus erledigt. Handwerklich hat er sich von seinem Onkel viel abgeschaut, sodass er seiner Familie immer eine große Hilfe war. Kurz nach seiner Volljährigkeit ist er in die Stadt gezogen. Dort hat ganz klassisch ein Duales Studium absolviert. Bereits als Bub wurde er mit dem traditionellen Rollenbild vertraut gemacht, sodass für ihn Leistung und Erfolg die wichtigsten Lebensziele wurden. An seiner Gefühlswelt lässt er auch heute keinen teilhaben, nur so gelingt ihm sein Pokerface. Diese Haltung war ihm beruflich bisher nur dienlich. Um seelische Angelegenheiten oder das Rollenverständnis hat er sich noch nie Gedanken gemacht. Hermann ist der *aussterbende Klassiker*, der seine Aufgabe im Versorgen, Beschützen und Durchsetzen sieht. Zum Ausgleich geht er einmal jährlich mit Freunden aus der Jugend zum Wandern. Hier genießt Hermann es gemeinsam allein zu sein. Echte Männer brauchen das, da ist sich die Runde einig. Es geht hier nicht um die gepflegte Verwilderung, im Gegenteil. Sie brauchen einfach einen Ausgleich zum harten Beruf. In der Natur kann Hermann alles in Ruhe durchdenken und einen Schritt nach dem anderen planen.

Bedingt anders ist Johannes. Aufgewachsen ist er ähnlich wie Hermann, nur musste er zu Hause bei weitem nicht so viel mit anpacken. Er ist ebenfalls ehrgeizig und leistungsorientiert Allerdings besucht er regelmäßig die Spiele seines Lieblingsfußballclubs. Das eignet sich für ihn als Ventil. Hier kann er jubeln, brüllen, schreien weinen und Bier trinken. Alle Gefühle die er sonst, genau wie Hermann unterdrückt dürfen hier am Stück raus.

Maximilian ist wie Johannes und Hermann fleißig und sorgt für den Familienunterhalt, er war auch lange der *aussterbende Klassiker*. Alles hat super funktioniert wie im Bilderbuch. Er lernte Tanja auf einer Sonnwendfeier kennen. Die beiden gründeten gut überlegt und vorbereitet eine Familie und alles lief blendend – nach außen hin. Maximilian tat es wie alle Männer. Seine Gefühle ließ er nicht hoch kommen. Lieber ging er brenzligen Themen aus dem Weg. Er baute seinen Frust und seine Verzweiflung beim Autofahren und beim Fußballschauen ab. Als der Druck im Job immer stärker wurde fing er an für den Marathon zu trainieren. Als Tanja schließlich nach langem Abwarten dann mal das Gespräch suchte, zischte Maximilian mit seinen Kumpels ab nach Mallorca.

Was war passiert? Maximilian hat versucht zu funktionieren. Dass nicht nur der berufliche Erfolg wichtig ist, werte Herren, das gilt es zu verinnerlichen. Wenn Sie etwas bedrückt oder beschäftigt, suchen Sie das Gespräch mit ihrer Partnerin. Was die vielen Paare vergessen sind Kommunikation und Kooperation. Teilen Sie sich mit, und zwar in jeder Phase der Beziehung. Warum ich mit der Tür ins Haus falle? Weil es für Sie wichtig ist, sich innerlich schon mal einzustellen auf den *gefragten Klassiker*. Gefühle müssen raus, alles in sich zu vergraben macht auf Dauer unzufrieden und krank. Viele von Ihnen sind noch ganz anders aufgewachsen. „Echte Männer weinen nicht" oder „Indianer kennen keinen Schmerz". Das kommt Ihnen doch sicher bekannt vor. Solche Glaubenssätze sitzen tief. Schütteln Sie sie ab. Lernen Sie echt zu sein, denn wilde oder echte Kerle sind authentisch. Denken Sie ans Stadion. Da können die meisten von Ihnen mit fiebern und mitleiden. Versuchen Sie diesen Zustand (etwas gedämpfter und vor allem nüchtern) auf ihren Alltag zu übertragen. Ok, bei wichtigen Verhandlungen vielleicht nicht gerade, aber zumindest im privaten Bereich.

Kürzlich erst meinte ein 26-jähriger Klient, dass es in seinem Leben doch nur darauf an komme ein Kind zu zeugen, einen Porsche zu kaufen und ein Bäumchen zu pflanzen. Kind und Porsche hatte er bereits. Zufrieden wirkte er nicht.

Was will die Frauenknecht, denken Sie, oder? Ganz einfach, ich will, dass Sie sich nicht in Männergruppen isolieren um *gemeinsam einsam* zu spielen. Ich will, dass Sie sich öffnen. Ich will dass Sie über Gefühle sprechen und ich will dass sie männlich bleiben.

Die große Herausforderung ist heute das *wie*. Unsere Gesellschaft wird gefühlt zunehmend feminier. Fähigkeiten wie Kommunikation, Empathie und Kooperation sind vor allem in unserer Dienstleistungsgesellschaft gefragt. Unser Lebens-umfeld hat sich geändert und verändert sich täglich. Damit aber noch nicht genug. Frauen versuchen – egal ob bewusst oder unbewusst – besser zu sein als der

Mann jemals war. Das heißt härter, stärker, bedingungsloser. Ist das der Partnersuche dienlich? Auf keinen Fall! Aber es ist wichtig, dass Sie sich darüber im Klaren sind. Früher waren Männer wie Hermann hoch im Kurs. Hauptsache die Familie war versorgt. Heute sind Frauen selbst in der Lage Familien zu versorgen. Sie treffen Entscheidungen und übernehmen Verantwortung – genau wie Sie, meine Herren. Frauen wollen auch Sportwagen fahren und Frauen wollen auch graue Anzüge tragen. Sie wissen doch noch aus Schulzeiten, dass die jungen Mädchen immer besonders ehrgeizig waren, oder? Na logisch, im *besser als die Männer sein* sind die Frauen noch immer besonders ehrgeizig. Und weil die Frau es heute dem Mann auf Teufel komm raus beweisen muss, dass sie der *bessere Mann* ist, gerät alles außer Kontrolle.

Was unterscheidet Sie also noch von der Frau? Welche Eigenschaften können die Mädels nicht lernen? Tipp: es geht nicht ums Pinkeln im Stehen. Klar, es geht um angeborene Autorität, Durchsetzungsvermögen und Beschützerinstinkt. Lassen Sie sich diese Eigenschaften auf keinen Fall nehmen – denn die machen Sie für uns Frauen attraktiv!

Frauen wollen nach wie vor in manchen Situationen verteidigt werden (verbal, denn Gewalt ist keine Lösung) wir wollen jemanden an unserer Seite wissen, der sich beschützend vor uns stellt und der für uns einsteht und sich durchsetzt. Gut, nun zum Alleinstellungsmerkmal, das Sie sich aneignen können und sollen. Da Frauen sich so bemühen die Männer zu toppen, bietet sich Ihnen eine wunderbare Gelegenheit! Nutzen Sie diese Chance, denn einfacher geht es kaum mehr.

Früher bemühten sich die Damen um das Funktionieren von Gesprächen, Freundschaften und Partnerschaften. Sie organisierten alles und kümmerten sich auch um die emotionale Ebene. Da aber die Frauen heute Styling, Figur, Beruf und PKW-Kundendienst unter einen Hut bringen wollen, bleibt spätestens wenn eine Beziehung ansteht einiges auf der Strecke. Früher übernahmen die Frauen die Rolle der Beziehungs-pflegerin. Sie bemühten sich um den Mann und sprachen auch mal unangenehme Themen an. Die Frauen übten sich in Rücksicht und Geduld. Heute sind nicht wenige mit ihren Aufgaben am Limit angelangt. Sicher meine Herren, ich weiß, dass es Ihnen nicht besser geht. Dennoch ist eine Lücke entstanden, die so ohne weiteres wohl kaum mehr geschlossen werden kann.

Ich rede davon, dass, sofern Partnerschaften noch entstehen, Männer und Frauen gleichermaßen damit beschäftigt sind, mit Freunden Spaß und Action zu haben. Es geht um Herrenabende, Fußballspiele, Mädelsrunden und Damenfitness. Wir erleben eine

ganze Gesellschaft, die Beziehungsdefizite oder –
Probleme lieber mit Freunden diskutiert. Wir erleben
Männer und Frauen, die sich in aller Öffentlichkeit
betrinken und streng nach Geschlechtern getrennt
grölen, tanzen und feiern. Wir erleben eine Spaltung
zwischen Mann und Frau. Während meiner Erfahrung
nach, Männer relativ tolerant sind in Bezug auf die
weiblichen Begleiterinnen der Kumpels, verteilen
Frauen Einladungen zu Festen die keine Männer
dulden. Der Mann, so scheint es, ist der größte Feind
der Frau. Das Kind ist in den Brunnen gefallen. In
puncto Emanzipation waren die Deutschen wie immer
besonders gründlich in der Ausführung – wie Sie sehen,
wächst kein Gras mehr.

Wobei die Männerphobie schon zu Beginn der
Moderne um 1800 losgetreten wurde … und zwar
scheinbar tatsächlich von Männern, die Gewalt und
Grausamkeit entgegenwirken wollten. Hier ist allerdings
zu berücksichtigen, dass Frauen prinzipiell nicht
ungefährlicher sind als Männer. Interessant ist, dass
Forscher bis heute keine Unterschiede in den
Fähigkeiten zwischen Männern und Frauen finden, d.h.
wir sind so, wie die Umwelt uns sagt zu sein.

Wenn ich Ihnen also sage, dass Sie einfühlsam und
kommunikativ sind, können Sie es sein. Also machen
Sie sich am besten frei von sämtlichen Klischees über
Frauen und Männer – wir alle sind Menschen, die im

Laufe der Zeit nicht mehr wissen, wie wir miteinander umgehen müssen. Während früher die Rollenbilder klar definiert waren, ist es heute unsere Herausforderung mit jedem Partner die Aufgaben und Rollen neu festzulegen. Sicher, genau das ist zermürbend. Keiner will heute mehr in die alten Rollen schlüpfen – wie rechtfertigt eine Frau von heute denn nur, dass sie gerne bügelt? Oder der aktuelle Mann, dass es ihm nichts ausmacht den Rasen zu mähen? Na eben, die Gesellschaft sieht es heute umgekehrt lieber – daher: gestalten Sie sich ihr Leben so, dass Sie gut damit zurechtkommen –wer was und wie macht ist Ihnen allein überlassen.

Nun, so ist die Ausgangslage. Ich fordere Sie auf, wie schon so viele vor mir, stellen Sie sich Ihren Gefühlen. Führen Sie das Gespräch, interessieren Sie sich für Ihr Gegenüber. Stellen Sie Fragen und sprechen Sie an, was Sie bewegt. Da die Frauen ihren Wettbewerbsvorteil irgendwo zwischen Teenie-Magazin, Frauenfitness, und Karriere-Planung verloren haben gilt es ihn zu nutzen.

Setzen Sie auf Altbewährtes, sprich Autorität und Durchsetzungsvermögen und koppeln Sie daran Empathie und Kommunikation. Erfahrungsgemäß macht es dieser Mix. Frauen haben heute nicht mehr den Mut auch mal weich zu sein, für die meisten Damen ist ihr Alltag eine Meisterleistung. Natürlich würden sie es nicht zugeben, dass sie auch mal überfordert sind, ausgebrannt oder völlig ratlos. Sie tüfteln ehrgeizig wie immer daran taff zu sein und stark. Sie müssen die sprichwörtlichen Hosen anhaben in der Beziehung und sie müssen über ihren Partner schimpfen und sich beschweren.

Das ist ein hartes Los, ich weiß. Es verfestigt sich der Eindruck, dass Frauen ein negatives Männerbild vor Augen haben. Könnte sein, dass es daher kommt, dass Frauen ihr ganzes Leben schon gegen Männer kämpfen müssen. Ständig wurden die Mädels auf Eigenständigkeit und absolute Autarkie getrimmt. Sie verstehen, dass diese Frauen nicht irgendeinen Typen akzeptieren können – selbst wenn sie es täten – die Freundinnen wären dagegen!

Klischees light: Männlichkeit gepaart mit weiblichen Attributen
1. Lassen Sie sich nicht auf dem Kopf herumtanzen
2. bestehen Sie auf klare Aufgabenteilung (so kommen Sie sich nicht ins Gehege)
3. Stellen Sie sich Krisen durch offene Gespräche
4. Haben Sie Geduld (wenn es die Richtige ist)
5. Seien Sie wachsam (Feinde gibt es überall)
6. Unternehmen Sie möglichst viel gemeinsam (erleben Sie Höhen und Tiefen zusammen)
7. Sie sind der Mann. Stellen Sie das, wenn nötig klar.

Dimension II: Seien Sie anspruchsvoll

Das ist mein absoluter Ernst. Seien Sie anspruchsvoll und wägen Sie ab, ob die Dame, die sofort mit Ihnen ins Bett geht wirklich für eine Partnerschaft bzw. für die Liebe taugt. Der Trend geht zu Damen, die sich nehmen was sie brauchen, ich weiß. Dennoch ist dieser Trend alles andere als feminin, entspricht er doch überhaupt nicht der weiblichen Tugend als Wächterin der Moral. Kürzlich erst berichtete mir ein Herr Mitte dreißig ganz angewidert, dass er nur noch Mädels kennenlernt die auf schnellen Sex aus sind. Ist man selbst aber an einer Beziehung interessiert und möchte sich erst bisschen kennen lernen, ist man bei diesem häufig anzutreffenden Kaliber unten durch. Daher Männer, seinen Sie anspruchsvoll, so ein Mädel wollen Sie doch nicht! Wollen Sie, dass jeder aus Ihrer Umgebung Ihre zukünftige Partnerin schon intim kennen lernen durfte? Na also, um Missgeschicken und Peinlichkeiten vorzubeugen, lassen Sie die Mädels zappeln und achten Sie auf Wert und Moral – nur hier trennt sich die Spreu vom Weizen. Finger weg von unprofessionellen Disco-Schlampen – reine Zeit- und Geldverschwendung. Im Falle des Falles lassen Sie die Profis ran. Alles andere verdirbt den Charakter und bringt Sie keinen Schritt weiter in Richtung Liebe.

Dimension III: Kondome schützen

Dieses Thema drängt sich auf. Da Geschlechtskrankheiten Medienberichten zufolge wieder zu-
nehmen, achten Sie auf Ihre Gesundheit und schützen
Sie sich. So ersparen Sie sich unangenehme Arzt-
besuche, lästige Erklärungen und das Getuschel von
verflossenen Liebhaberinnen – Ihr Ruf wird nachhaltig
geschädigt. Die Liebe können Sie dann woanders
suchen.

Ein weiteres Thema in Bezug auf das Kondom: Kinder.
Ja Kinder sind großartig. Allerdings haben Kinder
Eltern verdient. Viele Frauen wünschen sich nichts
sehnlicher als ein Baby. Über recht viel mehr machen
sie sich aber keine Gedanken. Ob dieses Kind nun von
der flüchtigen Bettbekanntschaft oder dem favorisierten
Mann fürs Leben ist, ist ihnen in diesem Moment egal.
Daher, denken Sie immer daran: Kondome schützen!
Passen Sie auf Ihr Erbgut auf und vertrauen Sie den
Frauen nicht in Bezug auf Verhütung. Dazu kommt,
dass sich die meisten von Ihnen auch nicht wirklich gut
und angemessen um eine Familie kümmern können
oder wollen. Niemandem ist geholfen mit einem Papa
der nie da ist.

Freya Frauenknecht

DURCHMARSCH

Mittlerweile waren Sie fleißig und haben die Schritte beherzigt und umgesetzt. Ihre Wohnung ist ok, Sie fühlen sich wohl und kennen Ihre Gefühle und männlichen Kernkompetenzen. Gut, alles prima soweit. Wir haben Sie etwas optimiert.

Wenn Sie Glück haben, hat ihr persönliches Umfeld ihren Vorbereitungsprozess positiv bemerkt oder Sie sogar bestätigt. Bei Männern passiert das häufiger als bei Frauen. Vielleicht hatten Sie ja in der Zwischenzeit schon einen Flirt oder ein Gespräch mit einer netten Dame? Hat sich Ihre Sicht auf die Dinge verändert? Konnten Sie mir in einigen Punkten zustimmen? Das Verlieben kann ich Ihnen nicht abnehmen – für den Durchmarsch, den ich Ihnen von Herzen wünsche, gebe ich Ihnen die letzten Dimensionen an die Hand.

Schon zu Beginn war klar: Zaubern können wir alle nicht. Was wir aber wollen, das können wir. Ich gehe davon aus, dass Sie sich verlieben wollen, nichts ist schöner als das. Sie haben hart an sich gearbeitet und sich viel sagen lassen. Das ist großartig! Nun, ich will ehrlich sein, daher komme ich auf den Punkt: Sprechen Sie weiterhin Frauen an. Allerdings nur, wenn keine Horde Freundinnen um die Zielperson herumsteht. Im Idealfall ist ein angenehmer Blickkontakt vorweg erfolgt. Sie sind der Jäger, das ist ihre Rolle. Frauen sind es heute einfach nicht mehr gewohnt angesprochen zu werden, da viele Männer sich der Feminisierung verpflichtet haben. Kommt eine Date zustande, machen Sie nicht den Fehler, das Mädel auf einen Kaffee einzuladen (außer Sie ist unter 24 Jahren und wirkt lässig, trinkt auch in Wirklichkeit Bier aus Flaschen ... dann genügt sogar ein Spaziergang). Eine Kaffe-Einladung erschwert Ihren Start erheblich. Steigen Sie gleich mit einem Abendessen ein, das positioniert Sie ordentlich und Sie erhalten von den Freundinnen der Zielperson eindeutig schon Lob im Voraus (evtl. schlägt Ihnen sogar Neid entgegen).

Dimension I: Kennenlernen

Es gibt verschiedene Möglichkeiten Frauen kennen-zulernen. Um nichts zu vermischen, behandle ich die einzelnen Hot-Spots getrennt voneinander. Generell ist eins allerdings klar. Noch nie war es schwieriger das Herz einer Frau zu erobern, denn noch nie haben Frauen Männer so bewusst ignoriert wie heute. Sie kennen sicher auch die rauchenden Gruppen vor den

Bürotürmen in unseren Städten – Brad Pitt könnte vorbeilaufen an den rauchenden Single-Mädels – keine würde ihn eines Blickes würdigen! Alle sind nämlich immer und überall gestresst, wichtig und uninteressiert. Zumindest geben sich die Damen, egal ob bewusst oder unbewusst, alle Mühe um so rüber zu kommen. Um die Aufmerksamkeit einer solchen Truppe im positiven Sinn auf sich zu ziehen fällt mir bei bestem Wissen nichts ein ... sparen Sie sich den Aufwand. Im Allgemeinen achten Frauen zunehmend nur noch auf ihre kleine Runde, egal ob in der Bar, im Lokal oder im Stau. Falls sich die Damen im Freien bewegen, d.h. joggen, gehen, radeln oder den Hund ausführen, haben Sie natürlich Musik im Ohr - *ihr interessiert mich alle nicht*! Diese Entartungen kann ich nicht abschalten, aber zumindest wissen Sie nun, wo Sie ihr Pulver unnötig verschießen. Nur der Vollständigkeit halber sind die Grundzüge der Hot-Spots angerissen. Größenteils dürften Ihnen meine Tipps bekannt sein.

Der Freundeskreis

Sie kennen die Einladungen zur Wohnungseinweihung oder zum Geburtstag. Gehen Sie hin und bleiben Sie Herr ihrer Sinne, d.h. stürzen Sie sich nicht übermäßig in Alkohol. Nicht selten lernen Sie im privaten Umfeld angenehme Menschen kennen. Folgen Sie ihrem Bauchgefühl und lassen Sie sich nicht von der falschen Haarfarbe abschrecken. Auf privaten Partys bietet sich die Möglichkeit sich recht unkompliziert und ohne hierarchische Hürden zu unterhalten und vorzufühlen. Das muss natürlich nicht heißen, dass gleich auf der nächsten Party die Richtige auf Sie wartet – aber halten Sie auf jeden Fall die Augen offen und gehen Sie locker auf Frauen zu.

Die Mädels sind zumindest auf solchen Partys nicht abgeschirmt von Ohrstöpseln und Sonnenbrillen. Ich weiß, ich weiß, viele der Damen unterhalten sich hier vorwiegend wieder mit Ihresgleichen und lassen die Herrenwelt nicht an ihren aufregenden Gesprächen teilhaben (Friseur, *Day-Spa*, Job ... gähhhn ...) aber sicher wird es Ihnen gelingen die Gelegenheit zu ergreifen, die Dame ihrer Wahl anzusprechen.

Berufliches Umfeld
Be careful! Haben Sie Geduld und lernen Sie sich in Ruhe kennen. Möglichst keine Gespräche über Kollegen oder über heikle berufliche Angelegenheiten und Interna! Frauen können auch Rivalen sein – Lächeln hin oder her. Dazu kommt, dass eine gescheiterte Liebe auch Gefahren birgt.

Daher ist es ratsam sich wirklich gut auf neutraler Ebene kennen zu lernen, bevor an sich aufeinander einlässt. Geht ein solcher Flirt, eine Romanze oder gar eine Beziehung in die Brüche gilt wieder Diskretion und Distanz, außer Sie haben gemeinsam eine angenehme Lösung für Sie beide gefunden. Ansonsten können so unschöne Szenen oder ein Jobwechsel vermieden werden. Ah, und wenn aus der Kennenlernphase keine Beziehung wird? Dann verläuft sich die Sache einfach im Sande ... wie im wahren Leben. Ihr Bauchgefühl ist gefragt.

Sportclub

Sie gehören höchstwahrscheinlich irgendeinem Sport-club an. Sei es das Fitness-Center um die Ecke, die Laufrunde in der Nachbarschaft, der Squash oder Tennisverein oder der Golfclub in der Umgebung. Miteinander schwitzen und miteinander oder gegeneinander spielen ist prima. In lockerer Atmosphäre entstehen Freundschaften und Bekanntschaften. Allerdings spricht sich auch hier Vieles rum. Daher passen Sie auf, mit wem Sie sich auf was einlassen – Den Club oder das Team häufig zu wechseln ist keine Lösung. „Das ist der, der mit jeder ins Bett geht" hält Klasse-Frauen mehr als ab!

Online-Partnersuche

Sie haben ein kleines ordentliches Profil angelegt. Die Damen erhalten die nötigsten Infos und sehen ihr lächelndes Gesicht auf einem schönen Foto, das kein Gerümpel im Hintergrund zeigt. Auf keinen Fall zeigt das Foto andere Körperteile. Sie geben Alter, Größe, Gewicht etc. einigermaßen ehrlich an – denn alles kommt raus und dann ist das Vertrauen von Beginn auf die Probe gestellt.

Wenn Ihnen eine Frau gefällt oder aufgrund der Nachrichten sympathisch ist, vereinbaren Sie baldmöglichst ein Treffen. Ewiges hin- und –her chatten bringt nichts! Sie belügen sich so nur selbst, dass eine Frau Sie begehrt und gern mag. Klarheit ist besser für beide Seiten. Sie sparen sich Zeit und Nerven. Während dem Blind-Date entwickeln Sie ein Gefühl, ob ein nächstes Date stattfinden kann. Im Zweifel sehen Sie sich wieder – wir sind alle viel zu ungeduldig geworden. Stellt sich allerdings heraus, dass Sie unter keinen Umständen zusammenpassen, lassen Sie es wieder im Sande verlaufen. Nehmen Sie der Frau auf keinen Fall ihre Würde, indem Sie irgendwas von wegen „Es hat ich gefreut dich kennen zu lernen allerdings sind wir nicht auf einer Wellenlänge..." sagen.

Toll ist natürlich, wenn Sie von einer Dame angetan sind. Natürlich, treffen Sie sie ruhig öfter – Allerdings aufgepasst: Wenn Sie eine wiederholt treffen, dann treffen Sie auch nur diese *eine* Dame! Sie daten quasi exklusiv und nicht wahlweise. Mehrere Kandidatinnen nebenher, nur aus Angst nichts anbrennen zu lassen ist unmöglich und fliegt ohnehin auf. Daher deaktivieren oder löschen Sie ihr Online-Profil. Dies müsste obligatorisch und nicht der Rede wert sein. Es ist respektlos und unangebracht, mehrere Damen in die engere Auswahl zu nehmen und mit allen Sex zu haben etc. In der Regel erwarten sich die Beteiligten tatsächlich eine Beziehung und nicht den schnellen Sex.

Haben Sie allerdings das Gefühl, dass es Ihrem Gegenüber um die schnelle Liebe, so lassen Sie die Finger davon und beherzigen Sie *Dimension II seinen Sie anspruchsvoll*, weil es uns ja um das Verlieben geht und um die Liebe.

Freya Frauenknecht

TOI TOI TOI

Ich hoffe sehr, dass Sie nun wissen worum es eigentlich geht? Exakt, Sie sind vorbereitet auf die Frau Ihres Lebens! Den richtigen Partner zu finden ist Schicksal, das ist klar. Egal ob auf einer Party oder auf einem Blind-Date – Glück, Fügung und die Bereitschaft sich auf jemanden einzulassen, das sind die Erfolgsfaktoren. Wir Normalsterbliche können nicht Schicksal spielen – aber immerhin können wir uns innerlich und äußerlich auf die Begegnung mit unserem Herzenspartner einstellen. Wir können unsere Wahrnehmung schärfen und uns auf eine schöne Partnerschaft freuen – immerhin steht dieser nun nichts mehr im Weg.

Vertrauen Sie darauf, dass der Augenblick kommt – erzwingen können wir ihn nicht. Es gilt „allzeit bereit" zu sein – stellen Sie sich vor, Sie treffen genau auf die Frau, die Sie sich immer erträumt haben und haben nichts geändert?

Richard glaubt ans Schicksal. Er ist Filialleiter in einem Lampen-Geschäft und sieht durchschnittlich aus. Gerade ist er 45 geworden und eine Mitarbeiterin nach der anderen verabschiedet sich in den Mutterschutz. Bisher hat er das alles gar nicht so wahrgenommen. Aber nun hat ihm einer seiner Kumpels am Wochenende den kleinen Jonas-Lion in den Arm gedrückt. Erst war es sehr ungewohnt, doch alles klappte reibungslos. Am Abend war er noch ganz happy, dass er eigentlich doch ganz gut mit Kindern kann.

Und jetzt? Mit den Mädels war es noch nie ein Problem. Irgendwie hat sich immer mal wieder was ergeben. Doch was Ernstes? Das was ihm bisher immer zu anstrengend. Doch nun hätte er vielleicht doch gerne eine Frau an seiner Seite, die zu ihm hält. Jünger wird er nicht mehr, und die Nächte in den Clubs und Bars sind doch auch immer gleich. Richard entdeckt in sich selbst den Wunsch nach einer Beziehung. Er denkt darüber nach, eine Bindung einzugehen. Er will vertrauen, sich fallen lassen, halten und gehalten werden. Doch was tun? Kurzerhand meldet er sich bei einer Partnerbörse im Internet an. Er lädt ein freundliches Foto hoch und gibt einige Daten über seine Hobbys und seinen Beruf an. Erst überlegt er, ob er angeben soll, dass er keinen Käse mag und nicht raucht? Aber klar, denn er sucht nach einer Frau, die zu ihm passt!

Es ergeben sich nette Mail-Kontakte. Er bittet die Mail-Verfasserinnen sich bald zu treffen, um sich persönlich kennen zu lernen. Am liebsten wäre es Richard gleich innerhalb der folgenden drei Tage.

Gut, die Damen haben alle zugestimmt. Mit Ariana trifft sich Richard zuerst. Sie ist hübsch und stellt sehr direkte Fragen bezüglich Kindern, Familie, Einkommen und Eigentumswohnung. Richard ist ernüchtert. Er hat Sie zu seinem Mittags-Italiener gebeten. Hier gibt es ein tolles Mittags-Menü. Ariana „ich esse immer à la carte" besteht auf Surf'n'Turf für 45€ ohne Beilagen. Richard jagt es durch den Kopf *wie soll ich mir die denn samt Familie leisten können auf Dauer?!.*

Sie unterhalten sich. Richard ist genervt. Ein Beschnuppern hatte er sich anders vorgestellt. Ariana tritt ihm auch immer so unangenehm an sein Schienbein und faselt was von „Cappuccino bei ihr auf der Relax-Liege ..." Richard ist das entschieden zu viel. Was er braucht ist eine Frau mit Format und keine, die sich sofort *nimmt was ihr zusteht*. Das muss sich doch zumindest ein bisschen entwickeln. Er schaut auf die Uhr. Schon fast halbdrei – er muss zurück ins Geschäft.

Der Kellner kommt grinsend daher und präsentiert die Mittagstisch-Rechnung von 85,90€ - und sowas in einem Pizza-Laden – da isst doch nie jemand Steak!

Naja, Ariana – aber jeden Tag steht eben ein Dummer auf ... und ein armer Richard, der es zahlt.

Richard gibt die Hoffnung nicht auf. Am Abend trifft er Manu. Sie haben sich in einer Tagesbar verabredet. Manu ist pünktlich und nett. Sie unterhalten sich über ihren Tag und beide hassen Käse. Manu ist 35 und geschieden.

Richard findet Sie sympathisch und das Gespräch ergibt sich wie von selbst. Irgendwie ist er aufgeregt. Die Tagesbar schließt gleich – sollen sie noch weiter ziehen? Manu ruft den Kellner „Wir zahlen – getrennt!" Und Richard ist nicht mehr ganz so angetan ... heute ist der Tag der Extreme: Ariana, die sich am liebsten Champagner bestellt hätte (zum Glück gab es keinen – und keinen Trüffel!) und Manu, die sich nicht mal auf einen Apéro einladen lässt. Komisch die Frauen heute...

Immerhin wollen sich Manu und Richard nochmal sehen, Sie verabreden sich für das nächste Wochenende zum Spaziergang – vielleicht wirds ja was...

Verstehen Sie, was ich meine? Sie können so weiter machen wie bisher – Sie können sich wie bisher mit einer Ariana auf die Relax-Liege legen. Oder aber – Sie lassen zu, dass sich etwas verändert bei Ihnen! Treffen Sie eine Manu doch einfach noch mal – Sie haben nichts zu verlieren. Bei einer Manu können Sie sogar nur dazu gewinnen! Ich bin sicher, Sie hatten schon das ein oder andere Mal eine Ariana... vielleicht haben Sie auch, wie so viele Herren, wutentbrannt alte Uhren oder Ringe online versteigert? Arianas neigen nämlich dazu, Ihnen die erhaltenen Geschenke zum Beziehungsfinale um die Ohren zu hauen – und zwar nicht nur sprichwörtlich...

Bleiben Sie zufrieden und vermeiden Sie Arianas! Stehen Sie auf Understatement! Daten Sie ohne sofortige körperliche Nähe – und bleiben Sie locker.

Ach, und verwerfen Sie die vermeintlich cleveren Sprüche der *wahren Männer*. Tatsächlich beherzigen manche Kerle es immer noch, Frauen aus bestehenden Partnerschaften heraus zu hebeln. Einige Männer und Frauen schrecken auch nicht vor Familien zurück – Finger weg, Männer! Sie können mit ruhigem Gewissen davon ausgehen, dass die *Herausgelöste* sich bei nächster attraktiver Gelegenheit sich bereitwillig auch aus Ihrer Partnerschaft *abwerben* lässt. Sei es durch ein höheres Grundgehalt des potenziellen Partners, luxuriösere Urlaube, teurere Handtaschen oder eine größere Immobilie an einem beliebteren Standort. Die Variationen und Möglichkeiten sind vielfältig.

Nach wie vor lassen sich Frauen auf Männer ein, die ihnen finanzielle Sicherheit und Treue bieten. Diese beiden Faktoren sind, neben der Steigerung Ihrer

Attraktivität entscheidend. Seien Sie treu – zeigen Sie dies der Dame Ihrer Wahl und schätzen Sie sie. Herabwürdigendes Verhalten Ihrerseits ist sowohl beim Kennenlernen, als auch in der Beziehung nicht angebracht. Legen Sie Wert auf finanzielle Rücklagen. Sofern Sie noch keine gebildet haben, legen Sie sich welche zu! Bezüglich der Anlage, halten Sie sich tatsächlich an die Drittel-Methode: Ein Drittel der Rücklagen legen Sie langfristig an, ein Drittel mittelfristig und ein Drittel halten Sie sich als Liquiditätsreserve – nichts ist schlimmer als eine unvorhersehbare Reparatur oder Anschaffung, die Sie nicht bezahlen können! Ersparen Sie es sich, Ihre Partnerin anpumpen zu müssen. Das käme weniger gut an, denn der Beigeschmack des Betrügers käme auf.

Mit *Erfolgreich verlieben*, sind Sie nun fit für die Traumfrau. Sie wissen womit Sie punkten und welche Kleinigkeiten Frauen auffallen. Gebrauchen Sie dieses Wissen. Sie können es sich zu Nutze machen, dass die Frau wählt. Bleiben Sie entspannt, denn Sie sind so weit. Lassen Sie sich entdecken! Sie wissen doch, dass man mit Speck Mäuse fängt ... das mit dem Speck, das haben wir geregelt.

Ich wünsche Ihnen viel Freude beim Verlieben – es kommt schneller, als Sie denken!

***

DREI MAGISCHE PHASEN FÜR DAMEN

„Julia, ich sag dir, mein Traumprinz findet mich! Und zwar egal ob ich diesen Traum von einem Schokotörtchen noch esse, oder nicht!" und noch bevor Julia etwas entgegnen kann, stopft sich Tami das Törtchen in den Mund – um halb elf Uhr nachts, nachdem die zwei Freundinnen drei Flaschen schlank machenden Prosecco und zwei Tafeln Luft- Schokolade vernichtet haben.

Heute ist schließlich Ladies-Night, d.h., Liebesfilme bilden den offiziellen Rahmen für lauthalse Diskussionen über Männer, Scheißmänner und Hammermänner. Ach ja, und dann geht es noch bisschen um Make-up, Schuhe und Wochenendaktivitäten.

Solche Abende tun gut – keine Frage. Und zugegeben, der Gedanke, dass irgendwann der *Mr. Right* an der Wohnungstür klingelt und uns, trotz schwabbeligem Bauchspeck, ungestylten Haaren und leerem

Kühlschrank: „Komm mit mir, Kleines. Ich werde dich für immer auf Händen tragen und du brauchst dich im Nichts mehr zu kümmern" zu haucht ist schon verlockend. Aber so einfach ist es bekanntlich nicht. Oder auch zum Glück! Denn so können wir uns umschauen und uns orientieren. Die Frau wählt. Obwohl es für Männer noch immer heißt ‚Ohne Mut, kein Mädchen', ist es die Frau, die sich auf einen Mann einlässt oder nicht. Aber dazu später.

Was ich schon vorweg klarstellen möchte, gilt auch für die *Erfolgreich verlieben – Herrenausgabe*. Ich meine es gut mit Ihnen. Und ich bin nicht gewillt Ihnen bereits bekannte und völlig überflüssige Tipps zu geben, die nicht taugen. Was ich Ihnen vorschlage, mag Ihnen vielleicht nicht immer gefallen, weil es ehrlich ist. Was bringt es Ihnen, wenn ich Ihnen rate zu Hause sitzen zu bleiben und alles so beizubehalten, wie es ist? Na gut, vielleicht, könnte ich mir so Ihre Gunst erschleichen, aber davon hab ich auch nichts.

Also zurück zum Schokotörtchen. Woher diese Gewissheit, dass der Richtige einen auch fett kennenlernen mag, oder zu dünn? Hier könnten Sie sich jetzt schon aufregen über mich – stimmt's? Und warum? Ja, weil Sie es ganz genau wissen ... Wenn Sie einen Mann noch nicht kennen, d.h. ihn vorher noch nie gehört oder gesehen haben und Sie selbst nicht über die Lande hinweg berühmt oder bekannt sind, dann zählt der erste Eindruck. So, mir egal, wenn Sie die Damenausgabe jetzt weglegen wollen. Ihr Ding – aber Sie verpassen was. Und merken Sie sich eins: Nehmen Sie es locker!

Sagen wir mal Tami, das ist die, die sich gerade noch das Törtchen zwischen die Kiemen geschoben hat – sie ist im Club (schon mal unwahrscheinlich hier die Liebe des Lebens zu treffen, aber gut). Sie flirtet und hat einen One-Night-Stand. Zugegeben, der Sex war mies, aber das könnte sich langfristig noch ändern. Tami ist hier nachsichtig. Fein. Nach einem schnellen Kaffee verabschiedet sich der junge Mann. Sie beide machen vage aus, sich bald wieder zu sehen. Aus bald wird nie – wie so oft.

„Mensch, was soll das? Warum liebt mich denn keiner? Immer haben die weniger gut aussehenden Frauen wirklich tolle Kerle! Warum melden sich die Typen einfach nicht mehr?" Tami ist stinksauer und fühlt sich hundeelend. Wäre ich nun Julia, Tamis Freundin würde ich sagen: „Ach Tami, der Richtige, der nimmt dich so wie du bist – ich bin sicher der ist schon irgendwo" Und als Ihr Coach sage ich: „Tami – hör auf zu träumen! Du bist ein super Mädchen, aber um einem Mann eine patente Frau zu sein, braucht es heute mehr als *dancen* und schnackseln." Vermutlich würde mich Tami spätestens jetzt ratlos ansehen. Keine Ahnung ob

Sie überhaupt noch Lust hätte auf die *Drei magischen Phasen.*

Ich schätze nicht. Ganz einfach deshalb, weil es Tami vermutlich, wie so vielen anderen Damen, heute viel zu anstrengend ist. Denn, mal Hand aufs Herz - wer will denn heute noch eine patente Frau sein?!

Es ist Ihre Sache, werte Leserin, ob Sie bereit sind für die Liebe, oder ob Sie weiterhin nach kleinen Liebes-Ablenkungsmanövern Ausschau halten wollen. Liebe. Nicht wie im Film, sondern eben richtig. So mit sich aufeinander verlassen können, sich zurück nehmen können und für einander einstehen. Und natürlich auch mit Tops und Flops. Falls Sie nur auf der Jagd sind, nach den großen Bildern, den filmreifen Dates und den romantischen Seiten einer Liebschaft, dann kann ich ebenfalls nichts für Sie tun.

Klar, alle Frauen, oder zumindest sehr viele, hätten nichts gegen eine Love-Story wie im Märchen oder im Blockbuster. Natürlich wäre es den meisten lieber, wenn sie so bleiben könnten, wie sie sind. Und zweifelsohne gibt es die Frauen, die sich für keinen Mann der Welt – und zwar aus Prinzip – ändern würden.

Sie wollen nichts an sich ändern? Sie haben keine Lust erwachsen zu werden, oder zumindest verantwortungsbewusst? Na dann … dann bleiben Sie eben bei den kleinen und großen Eskapaden und lesen Sie was anderes. Dann kann ich Ihnen wirklich nichts Brauchbares auf den Weg mitgeben.

Wenn Sie aber mal was Neues ausprobieren möchten, keine Angst haben und noch dazu mit direkten Ansagen klar kommen, würde ich mich freuen, wenn Sie weiterlesen.

Wissen Sie, was noch wichtig ist … beinahe hätte ich es vergessen! Also die Grundvoraussetzung sozusagen … mögen Sie Männer überhaupt? Nein im Ernst jetzt, kommen Sie klar mit Männern? Oder ist es in Wirklichkeit so, dass es Ihnen irgendwie Spaß macht über Ihren Freund/Mann/Ex herzuziehen, also hinter seinem Rücken versteht sich … so nach dem Motto ‚Ist der Mann erst aus dem Haus, sieht der Tag schon besser aus`? Menno, dann kommen wir auch nicht auf einen Nenner. Ich stehe nämlich sowohl auf Ihrer Seite, als auch auf der der Männer. Vielleicht kann ich Sie ja noch davon überzeugen, dass alle Menschen gut sind?

Wie auch immer: Die Damen, die noch hier sind, wünschen sich Liebe und mögen Männer.

Sie müssen sich also entscheiden, wer Sie sind, wer Sie sein wollen und was Sie von einer Liebe erwarten – sofern Sie wirklich bereit dazu sind. Was bedeutet

Ihnen Liebe, was ist Liebe in Ihren Augen? Dass der Mann Ihnen jeden Wunsch von den Augen abliest und ihn möglichst auch sofort finanziert? Ist Liebe für Sie ultimative Sicherheit ohne eigene Aufgaben und Pflichten? Ist es der Himmel auf Erden, mit einem Idioten der es zahlt? Haben Sie die genannten Fragen allesamt mit *Ja* beantwortet? – Ok, dann taugen Sie noch nicht zum Verlieben ... wenn Sie allerdings trotzdem von einer traumhaften Beziehung auf Augenhöhe träumen und von Ihrem zukünftigen Partner auch ernst genommen werden wollen, lege ich Ihnen meine *Drei magischen Phasen* ans Herz. Denn es ist nie zu spät und Liebe kann man lernen – wenn man es wirklich will.

Sollten Sie keinen Bock haben auf die *Drei magischen Phasen* haben sich soeben dafür entscheiden eine durchaus käufliche Lebensabschnittsgefährtin zu sein oder zu bleiben. Jammern Sie also niemanden vor, dass Sie so unter Ihrem machthungrigen und untreuen Partner leiden, der Ihnen aber immerhin jede neue Handtasche von Hermès kauft, sowie sämtliche Schönheits-OPs sogar in Auftrag gibt und sich im Gegenzug aber eine oder zwei Nebenfreundinnen hält.

Ich habe kein Mitleid, denn dieses Schicksal ist selbst gewählt und die emotionale Leere ist bereits eingepreist. Sie sind käuflich und das Geld Ihres Partners liegt

Ihnen näher als er. Nur deshalb ist Ihnen sein scheußlicher Charakter erst jetzt aufgefallen.

Sie waren nie käuflich und wollen sich wirklich verlieben? Sie haben Lust sich auf was Neues einzulassen? Sie wollen aufräumen in Ihrem Leben? Alte Muster über Bord werfen und endlich durchstarten? Ach, und Sie sind auch noch da – Sie wollen sich nicht mehr kaufen lassen? Ja prima – dann sehe ich Hoffnung für Sie, sofern Sie die *Drei magischen Phasen* durchziehen.

Sind Sie bereit für die Wahreheit? Sind Sie hart im Nehmen und ehrlich zu sich selbst? Na wenn nicht, dann sind Sie es spätestens nach der ersten Phase ... Da Sie es satt haben, immer an den Falschen zu geraten etc. wünsche ich viel Durchhaltevermögen, Stärke und Willenskraft – *You will make it!*

Freya Frauenknecht

PHASE I

Dimension I: Innere und äußere Hygiene

Willkommen im Leben und willkommen in der Hygiene-Phase! Hier geht es um die innere und äußere Hygiene. Ich möchte in dieser Phase wirklich keiner von Ihnen, werte Damen zu nahe treten, dennoch müssen einige entscheidende Details gleich zu Beginn raus: Haben Sie sich jemals ehrlich und ganz objektiv im Spiegel angesehen? Halten Sie mich ruhig für oberflächlich, aber darum geht es jetzt nicht! Also, haben Sie? Ja. Aha. Und was haben Sie festgestellt? Ah, ja, Sie haben sich gefragt, weshalb das Fernsehen noch nie auf Sie aufmerksam wurde, weil Sie so attraktiv, gebildet und sympathisch aussehen ... Alles klar! Hören Sie auf mit so einem Mist! Und kommen Sie wieder auf den Teppich!

Ja, jeder Mensch ist schön, denn jeder Mensch kommt wunderschön auf die Welt. Das ist so. Gut, doch dann kommt es darauf an, was dieser Mensch sein Leben lang in sich hineinstopft oder trinkt. Wie lebt dieser Mensch – gesund, oder ungesund, und wenn ungesund, gönnt dieser Mensch seinem Körper dann wenigstens ein Minimum an Entschlackung oder zumindest Ruhezeiten?

Nur mal ein kleines Beispiel. Nehmen wir Susanne. Sie ist Anfang 40 und Single. Susanne ist schlank, blond und zierlich. Sie war immer die Schönste in ihrer Klasse (damals, als die Welt noch in Ordnung war). Heute passt Susanne sogar noch in ihr Tanzkursabschlussballkleid! Wow! Sie arbeitet an der Kasse im Supermarkt um die Ecke. Sie hat es nie zugegeben, aber insgeheim hat sie darauf vertraut, dass ihr zukünftiger Traummann sie eines Tages hier entdeckt und vom Fleck weg heiratet. Genau. So mit allem drum und dran: Hochzeit am Strand von Mauritius. Prinzessinnenkleid. Nie wieder arbeiten weil er sooo viel Geld hat. Viele Kinder. Sie hat die Hosen an in der Beziehung und er hat nichts zu melden.

Das hielt Susanne für sehr wahrscheinlich. Und weil Susanne sicher war, dass dieser Typ irgendwann in ihrer Supermarkt-Filiale aufschlagen würde - ungefähr so wie der Richard Gere damals in Pretty Woman – vernachlässigte sie ihre (nicht unsympathischen) Verehrer im Ort. Durch das Kettenrauchen hielt sie sich schlank, bis sie Mitte 30 bemerkte, dass ihre Haut ihr das wohl übelnahm. Nach dem dritten Versuch, gelang es ihr mit der Raucherei aufzuhören. (Susanne was bis dato sicher, dass irgendwann einer gekommen wäre, mit dem sie eine himmlische Familie gegründet hätte und natürlich sofort zu Rauchen aufgehört hätte ... jajaja). Na jedenfalls ist Susanne nun zwar schlank (sie ernährt sich nur noch von Schoko-Eis und macht großzügig ab vier Uhr nachmittags Dinner-Cancelling[1] und ist nach wie vor schön blond – aber eben leider nicht mehr schön (wegen zu viel Prosecco und dem alten Nikotin). Es ist ein Trauerspiel. Heute ist ihr Nichts geblieben, und die Verehrer von damals, die flirten zwar noch mit ihr - aber nur, weil es doch nur schade wäre, mit alten Gewohnheiten aufzuhören. Und nun? Susanne ist frustriert. Nicht mal online geht irgendwas. Sie hat ihr Zeitfenster wohl übersehen, meinen ihre Freundinnen.

Klare Frage: Wollen Sie enden wie Susanne? Nein, oder? Das kann doch dann nicht alles sein ... Sicher haben manche von uns Glück, und erleben noch einen zweiten Frühling etc. Dennoch ist dies doch nur möglich, wenn man zuvor schon länger mal bereit war, Kompromisse einzugehen und sich auf jemanden einzulassen. Ganz oder gar nicht – ein bisschen geht nicht.

---

[1] Dinner-Cancelling (nach engl. das Abendessen ausfallen lassen)

Ich will dass Sie zufrieden sind mit sich. Und ich will auch, dass Sie ehrlich sind zu sich, denn nur wer ehrlich ist zu sich selbst, kann auch guten Gewissens zufrieden oder sogar glücklich werden. Nein – ich vermittle Ihnen in dieser Phase kein spirituelles Wissen oder übe mit Ihnen irgendwelche Übungen zur Achtsamkeit ein. Das lernen Sie woanders besser. Mir geht es darum mit Ihnen bei null anzufangen. Und das tun wir, wenn wir mit uns selbst im Reinen sind.

Gut, wir starten. Sie haben sich ehrlich angesehen. Das Fernsehen wird nicht anrufen, meine Liebe – ganz ehrlich! Warum? Weil es schon mal viel zu viele Teenager gibt, die alles für eine kleine oder große TV-Karriere tun würden (siehe Casting-Shows) und weil es auch einfacher ist, sich ein Teenie-Weibchen handsam zu machen als eine ausgewachsene Frau, die man nicht wirklich jünger schminken kann ... angekommen, oder?!

Wird mich aber ein Typ wie Brad Pitt oder zumindest einer der so reich ist wie Bill Gates in meinem Sumpf entdecken, fragen Sie sich jetzt (und hoffen auf ein *Ja!* ...) – Nein. Auch das nicht.

Mensch, sehen Sie sich an. Wer würde denn wirklich zu Ihnen passen? Und zwar ganz im richtigen Leben? Ja genau, z.B. der Lukas von gegenüber, oder der Benjamin, den Sie letztens im Bus kennengelernt haben.

Das sind keine schlechten Menschen, und sie haben tatsächlich eine faire Chance verdient.

Beurteilen Sie ganz neutral Ihren Stil. Sind Sie schick oder eher casual gekleidet? Ihre Frisur, ist die immer in Form oder sind Sie der Typ *Vogelnest zerzaust*? Oder haben Sie etwa schon den *Ü-30-Kurzhaarschnitt*? Wenn nicht, lassen Sie sich diesen auf keinen Fall von einem Frisör aufschwatzen! Klar gibt es auch zahlreiche flotte Kurzhaarfrisuren, dennoch hat nicht jeder hierfür die optimalen Voraussetzungen – das ist wie mit Hüten, die stehen auch nicht jedem Menschen.

Ihr Alter. Auch hier gilt: ehrlich sein! Uns Frauen sieht man das tatsächliche Alter leider schneller und verlässlicher an, als den Herren der Schöpfung. Achten Sie daher vorsorglich auf kohlenhydratarme Ernährung, wenig Alkohol und Bewegung. Denn einen schönen Körper bekommt niemand nur durch Sport oder nur durch Diäten.

Nehmen Sie Rücksicht auf sich und Ihren Körper, denn nur so sind Sie auch in der Lage auf einen potenziellen Partner Rücksicht zu nehmen. Schätzen Sie sich richtig ein. Sicher sind Sie attraktiv. Halten Sie nach Männern Ihres Kalibers Ausschau und hören Sie auf nach den Sternen zu greifen. Seien Sie ehrlich zu sich und entdecken Sie ihr Pendant. Natürlich gibt es immer wieder Wunder, aber wenn Sie ein unfassbar gut aussehender, durchtrainierter Mittdreißiger anmacht und aufreißen will, sollten Sie erst mal ruhig bleiben und sich anhören was er zu sagen hat. Schließen Sie niemanden von vorn herein aus, weil Sie Angst haben vor den Gruselgeschichten aus zweitklassigen Filmen. Hier fallen Frauen immer auf Kerle rein die eine Wette verloren haben, klassische Heiratsschwindler sind, oder einfach nur mal Spaß mit einer Dame haben wollen. Fortan gilt für Sie: Erst ansehen und zuhören, dann urteilen. Übrigens auch in Bezug auf Frauen.

Sortieren Sie zu modische Teile oder fragwürdigen Modeschmuck aus. Durchforsten Sie Ihren Schrank auf Herz und Nieren und misten Sie großzügig minderwertige, verwaschene oder aus der Mode gekommene Stücke aus. Gleiches gilt für Haarspangen, Nagellacke, Schuhe und Stiefel, sowie für Handtaschen und Make-up. Im Zweifelsfall orientieren Sie sich an gängigen aktuellen Modeheften und bleiben auf der Seite der Klassiker – hier ist kaum was falsch zu machen. Zu viel Farbigkeit ist nur was für extrem stilsichere und erprobte Damen und wirkt ab einem gewissen Alter ohnehin unangebracht. Gleiches gilt für Miniröcke, bauchfreie Tops oder Trägerkleidchen. Alles eine Frage des Bodys und des Alters. Klar dürfen Sie zu Hause, im eigenen Garten oder auf dem eigenen Balkon rumlaufen wie Sie wollen – aber nicht außerhalb! Zu jugendliche Kleidung wirkt nicht nur offensichtlich daneben, nein, sie ist es auch! Machen Sie sich nicht zum Deppen, sondern kleiden Sie sich zeitgemäß und Ihrem Alter entsprechend – Auch Männer haben Augen im Kopf, und nur wenige Männer sind farbenblind. Kleiden Sie sich typgerecht und verschandeln Sie nicht die Umwelt.

Nichts gegen Sie. Nur weil ich es immer wieder sehe: weg mit Achsel - und Beinbehaarung! Willkommen im Hier und Jetzt – mittlerweile enthaaren sich sogar gepflegte Männer.

Und noch ein Punkt, den man wohl kaum oft genug ansprechen kann (ich weiß, für die meisten dürfte dies nicht der Rede wert sein, aber trotzdem kommt es noch häufig vor): Für abgebröckelten Nagellack gibt es Nagellackentferner. Nur an Teenies und Hipstern sieht das noch modern und lässig aus.

Sicher wollten Sie von mir Angenehmeres hören, aber da müssen wir jetzt ein für alle Mal durch: Die Hornhautfeile ist kein Deko-Artikel! Sie wohnt im Drogeriemarkt und will, genauso wie die Pinzette gekauft und regelmäßig benutzt werden! Bitte sehen Sie es mir nach, sofern es Sie, wie gesagt nicht betrifft, aber ich halte die Slingpumps mit diesen fiesen Hornhautfersen in den U-Bahnen und Straßencafés einfach nicht mehr aus ... abgesehen davon muss das heute alles nicht mehr sein.

Sie haben jetzt schon die Schnauze voll? Ja, fragen Sie mich mal! Ich schon lange! Und wissen Sie warum? Na das kann ich Ihnen sagen, ich hab keine Lust mehr auf diese ungepflegten, stillosen und zickigen Tussen, die mir ständig vorheulen wie einsam Sie sind! Und was mich dann wirklich aus der Fassung bringt sind deren Ansprüche an die Männer von heute! Ja, da haut es mich tatsächlich regelmäßig aus den Latschen!

Nein, mit **dem** treff ich mich nie wieder - **Der** hatte tatsächlich eine knallgrüne Hose an! Oh mein Gott! **Der** verdient nur 20.000 EUR brutto mehr als ich – wie will der **uns** denn ernähren? (ich frage mich dann immer: *wer ist eigentlich uns?!*) Hell no, **der** Typ hatte zu lange Fingernägel und trug ein Karo-Hemd!! Jetzt reicht's, **der** hat mich nur zum zweitbesten Italiener der Stadt eingeladen und die Konzerttickets für meinen Mädelsabend musste ich mir selbst kaufen!

Zu viel! Mir ist es zu viel! Was wollen Sie denn? Das Rundum-Super-Paket? Und was sind Sie? Genau: Das Randvoll-Sorgen-bis-oben-hin-Päckchen im Billig-Schlampen-Outfit. Noch dazu wollen Sie alles haben, aber nichts geben – Prima Vorrausetzungen für eine lebenslange, gut funktionierende und harmonische Liebesbeziehung. Wirklich, nichts für ungut, und ich mag Menschen, nicht dass wir uns missverstehen, aber: Kommen Sie runter von Ihren illusorischen Vorstellungen! Fangen Sie an, sich selbst attraktiv und clean zu machen – nur dann kann unser Vorhaben klappen!

Bezüglich Hygiene und Körperpflege lasse ich mich im Folgenden nicht mehr weiter aus. Ich vertraue darauf, dass Sie dieses Thema ohne mich bewältigen können. Ich unterstreiche lediglich die Wichtigkeit. Leider sind sich einige Mitstreiterinnen nicht im Klaren darüber, dass Frauen eben andere Anforderungen zu erfüllen haben als Männer. Wollten Männer ein muffiges, ungepflegtes und schlecht gekleidetes Gegenüber, würden sie sicher lieber einem Hund ein altes Shirt überziehen, als sich eine solche Frau an den Frühstückstisch zu setzen. Im Gegenzug stellen Sie ja auch Forderungen an die Männer, also, tun Sie was dafür.

Dimension II: Gedanken und Worte

Sie kennen sicher diese Zitat aus dem Talmud: ‚Achte auf deine Gedanken, denn sie werden Worte. Achte auf deine Worte, denn sie werden Handlungen. Achte auf deine Handlungen, denn sie werden Gewohnheit. Achte auf deine Gewohnheiten, denn sie werden dein Charakter. Achte auf deinen Charakter, denn er wird dein Schicksal. '

Mehr ist dem eigentlich nicht mehr hinzuzufügen. Überlegen Sie sich einfach, ob Sie womöglich Gedanken oder Aussprüche blind von jemandem übernehmen oder unüberlegt nachplappern. Oft ist es leichter, Vorgesetzten oder Bekannten nach dem Mund zu reden, als Stellung zu beziehen. Mag sein, dass es sogar hin und wieder unausweichlich ist, sich auf die Zunge zu beißen. Aber zumindest im persönlichen Umfeld sollten Sie meinungsmäßig bei sich sein.

Misten Sie alte Glaubenssätze und überholte Ansichten aus ihrem Gedankengut aus. Vieles davon belastet und beeinflusst uns ungemein. Notieren Sie sich Ihre typischen Hirngespinste und machen Sie sich klar, dass sie überflüssig sind wie ein Fläschchen umgekipptes Parfum. Verbannen Sie negative oder destruktive Ansagen aus Ihrem Leben. Lernen Sie nach vorn zu schauen. Legen Sie sich eine lebensbejahende Grundeinstellung zu. Sicher ist das nicht jeden Tag einfach, aber bedenken Sie, dass Sie entweder missmutig oder gut gelaunt durchs Leben gehen können. Vielleicht haben Sie auch lieber Freundinnen um sich herum, die gut drauf sind und auch mal ein Auge zudrücken können? Na also! Bemühen Sie sich die Person zu sein, mit der Sie selbst gern was unternehmen würden.

Folglich dürfte auch klar sein, dass Sie sich nicht mehr mit allen Griesgramen treffen müssen, nur weil Sie sich dazu verpflichtet fühlen.

Sie wissen schon, was ich meine. Jedem von uns geht es mal besser und mal schlechter. Das ist ganz normal und wir alle sind dankbar, wenn wir jemanden haben, der uns zuhört und uns womöglich sogar auffängt. Und selbstverständlich sind wir auch für andere da. Aber Sie kennen sicher auch so Leute, die nur immer dann anrufen, wenn wieder (also fast täglich) irgendwas *ganz* Schlimmes passiert ist. Bei dieser Spezies verläuft im Gegenzug zu vielen andern fast alles reibungslos und glatt, dennoch sieht sie sich immer vom Schicksal gebeutelt.

Beispielsweise fühlen sie sich schon ausgeschmiert, wenn sie beim Arzt fünf Minuten warten müssen. Und alles was wirklich super läuft ist selbstverständlich und nicht der Rede wert. Das erfahren Sie dann von einer anderen Bekannten. Sie machen sich die ganze Woche unbegründet Sorgen und fragen sich wie Sie dieser armen Person nur helfen könnten - alles völlig umsonst. Meiden Sie solche Kontakte. Sie können natürlich auch ein klärendes Gespräch suchen. Einfacher ist es, die Treffen oder Telefonate drastisch einzuschränken. Dieses Gegenüber ist nicht an Ihrem Wohlergehen interessiert sondern nur am eigenen.

Belasten Sie sich nicht mit solchen Kraftfressern. Achten Sie auf eine für Sie wohltuende und Ihnen bekommende Freundeskulisse. Diesen Dauerjammerern ist es nämlich grundsätzlich egal, wer ihnen zuhört, es geht ihnen nur ums Schutt abladen.

Prima klappt dieser Prozess, wen Sie gleichzeitig anfangen nicht nur geistig sondern auch generell auszumisten. Im Laufe kürzester Zeit schaffen es die meisten von uns eine Vielzahl von Tiegelchen und Töpfchen anzusammeln. Gleiches gilt für Schrank-monster und sonstige Modesünden. Zum Beispiel können Sie ihre ganzen laufmaschigen Strümpfe sofort entsorgen. Ach und dann sind da noch haufenweise alte Zeitschriften die längst nicht mehr interessant sind. Und ganz unter uns, Sie haben sicher auch noch haufenweise alte Fotos, Schmuck von Exfreunden und angestaubten Kitsch in irgendwelchen Kellern einlagern. Behalten Sie nur was Ihnen wichtig ist und was Sie überblicken können. Alles andere erschwert und belastet.

Sortieren Sie Ihr Leben neu, und zwar gründlich. Befreien Sie sich von materiellen Begleitern und altem Mist. Verschenken Sie es, verkaufen Sie es und werfen Sie es weg. Sie werden sehen, wie befreiend das sein kann. Machen Sie sich Luft, denn die brauchen Sie für ein positives und befreites Leben. Im Unrat schwimmend und frustriert, vielleicht sogar noch verzweifelt und unzufrieden mit sich selbst – so verlieben sich die wenigsten Menschen. Liebe ist keine Flucht nach vorn. Liebe ist keine Erlösung aus einem Gammelhaufen. Für Liebe brauchen Sie Zeit und Muße, und wenn Sie immer tonnenschwere Steine auf den Boden zurückziehen, können Sie mit niemandem hoch fliegen. Also krempeln Sie Ihr Leben um und bemühen Sie sich ein liebenswerter Mensch zu sein.

Klar dürfen Sie sich noch ärgern über Dinge oder Menschen, aber steigern Sie sich nicht rein. Ihre Zeit ist viel zu kostbar, um sie sich von so banalen Dingen vermiesen zu lassen. Besinnen Sie sich auf die wesentlichen Dinge. Machen Sie Unternehmungen die Ihnen Freude bereiten und setzen Sie sich mit sich selbst auseinander, bevor Sie wieder vor einer kniffligen Angelegenheit davonlaufen. Stellen Sie sich unausweichlichen Begegnungen und Themen und seien Sie ehrlich. Verabschieden Sie sich von alten Mustern und Verhaltensweisen, die Sie sich im Laufe der Zeit angewöhnt haben. Gestalten Sie sich Ihren Alltag einfach und strukturiert oder hetzten Sie von einem

Termin zum nächsten? Machen Sie für Bekannte und Kollegen alles möglich, aber für Ihr liebstes Umfeld nicht? Setzen Sie Prioritäten und lassen Sie Dampf ab, bei Menschen die es verdient haben – auf keinen Fall aber bei denen, die es gut mit Ihnen meinen!

Dimension III: Sparsamkeit

„Oh nein, Sparsamkeit – darauf hab ich keine Lust!" höre ich Sie förmlich aufschreien. Na, was haben Sie erwartet? Dass Verschleudern im Allgemeinen glücklich macht? Sorry, aber das habe ich noch nie erlebt ... Wir alle denken immer, wenn wir das und jenes haben, also besitzen würden, dann würde alles besser, schöner oder leichter in unserem Leben. Das Gegenteil jedoch passiert. Stimmt nicht? – Ach, wirklich?

Tina folgt seit wenigen Monaten einer angesagten Fashion-Bloggerin. Sie ist hin und weg von all diesen Ideen und Stylings dieser Koryphäe und überlegt wie sie auch so werden kann. Tina arbeitet im Einzelhandel. Ihre Freundinnen ebenfalls, und so können sie sich gegenseitig mit günstigen angesagten Teilen versorgen. Dennoch ist diese Bloggerin einfach immer eine Nasenlänge voraus! Langsam geht Tina die Luft aus – also finanziell. Sie grübelt und kommt zum Entschluss, dass sie dringend noch ein Einkommen braucht. Konsum ist ihr Glück, denkt sie. Nebenbei jobbt sie fortan in einer Bar in der Nähe ihres Arbeitgebers. Doch was passiert? Tina sieht nun täglich hinreißend stylische Damen mit wunderbaren und teuren Handtaschen. Von dem filigranen Schuhwerk und den herrlichen Accessoires ganz zu schweigen. Nach einem Monat arbeitsmäßiger Doppelbelastung kann sich Tina die Tasche, die die Bloggerin empfohlen hat leisten. Sie betritt den angesagten Laden der Fashionmeile und zahlt den Bag der Saison bar. Sie wartet auf den Moment des unfassbaren Glücks – doch er setzt nicht ein! Tina verlässt den Laden mit einer riesigen Tüte des Designers. Sie hatte eigentlich vor, ihren ganzen freien Tag damit in der Innenstadt herumzulaufen und sich dabei mächtig toll zu fühlen (lachen Sie nicht, sowas gibt es wirklich!). Doch schon mittags kreisen Tinas Gedanken um eine der Uhren, die eine Stammkundin der Bar trägt. Sie will auch so eine! Jetzt, oder zumindest bald! Denn wenn Sie endlich so angesagt gekleidet und gestylt ist, findet Sie sicher auch den perfekten Mann. Einer der in ihr Leben passt. Einen, mit dem Sie glücklich ist, einer zum Pferde stehlen eben.

Und nun? Tina lässt es zu, dass in ihr permanent neue Bedürfnisse entstehen. Sie verfolgt ihre Ziele zwar akribisch, doch macht die Bedürfnisbefriedigung Tina, wenn überhaupt, nur sehr kurz glücklich. Beim Kauf der Handtasche z.B. hätte sie sich eine regelrechte Glücksexplosion erhofft. Natürlich blieb diese aus. In Wirklichkeit führt Tina ein sehr oberflächliches Leben. Sie ist unzufrieden mit sich. Daher versucht sie sich selbst über ihre Garderobe aufzumotzen – ein nicht gerade unübliches Phänomen. An jeder Ecke lauern günstige Kredite, Dispo-Rahmen und Kredit-kartenverträge – jeder kauft – kauf mit! Eine gewisse Zeit mag das gut gehen. Doch irgendwann, in einer kleinen Shopping-Pause kommt das auf, was wir nicht wahr haben wollen: Shoppen ist kein Ersatz für ein erfülltes Leben. Shoppen ist kein Freundeskreis. Shoppen ist keine richtige Beziehung. Es ist schwer den einmal begonnenen Kreislauf zu verlassen. Und natürlich ist es auch egal, ob Sie nur High-Fashion-Teile jagen oder günstige Teile kaufen. Sale oder Regulär. Alles egal. Eines bleibt gleich: Sie hauen Ihr Geld zum Fenster raus. Ja klar dürfen Sie weiterhin einkaufen – aber wägen Sie ehrlich ab, was Sie brauchen! Schon viel zu oft habe ich erlebt, dass Frauen alle Größen eines Kleides aufkaufen, nur damit sie die einzige sind, die dieses Stück besitzen. Häufig erlebe ich lästige Damen, die in viel zu kleinen Schuhen durchs Leben gehen – oder, was viel schlimmer für den Betrachter ist: in viel zu engen Röcken und Hosen. Kaufen Sie wirklich nur Dinge, die Ihnen stehen und passen. Finger weg vor Schrankmonstern (das sind die Teile, die noch mit Etikett im Schrank hängen). Oft haben wir beim Kauf schon ein komisches Gefühl ... überlegen Sie sich daher genau, wozu das neue Teil passt, für welche Gelegenheiten es taugt. Und beachten Sie: Selbst die frischgebackene Herzogin Kate trägt ihre Kleidung mehrmals. Oder wollen Sie Ihre Shopping-Eskapaden rechtfertigen, indem Sie sagen, dass Sie noch mehr in der Öffentlichkeit stünden als Kate?! Das glaube ich kaum. Sie sind weder der berühmte Nabel der Welt, noch sind Sie ein Superstar – daher halten Sie Maß und behalten Sie sich den Leitsatz: *Don't* shop till you drop[2]! Besitzen macht uns nicht glücklicher als wir sind. Besitz ist Ballast ... oh ja, und Eigentum verpflichtet – aber das wäre jetzt ein ganz anderes Thema. Mir geht es um die Haben-wollen-Dinge des alltäglichen Wahnsinns. Sie brauchen nicht 450 verschiedene Nagellacke und 30 machens auch nicht besser! Sie können nicht zwei Paar Schuhe gleichzeitig tragen! Und nein, zwei Handtaschen am Arm sehen nicht gut aus! Glauben Sie mir, ich hab das alles schon gesehen, getreu dem Motto *viel hilft viel*. Es ist nicht schön, wenn zwei für sich wunderbare Taschen miteinander konkurrieren müssen. Und Ihre Hände sind auch schöner, wenn Sie sich morgens für einen Nagellack entscheiden. Sie müssen keinem beweisen, dass Sie tatsächlich zehn Farben zur Auswahl haben! Gleiches gilt für Ihr Make-up! Verwenden Sie es sparsam! Bei Kleidung und Stoffen ist Sparsamkeit in Bezug aufs Material wiederum nicht angebracht! Vermeiden Sie zu kurze Röcke und Tops, kaufen Sie sich die richtige Größe, auch wenn Sie früher irgendwann mal extra small getragen haben ... die Zeiten ändern sich. Klar wird Ihnen keine Verkäuferin sagen: „Sie sehen in dem von Ihnen verlangten XS-Top

---

[2] Shop till you drop! (nach engl. Kauf ein bis zum Umfallen!)

aus wie eine Presswurst." Sie bekommen, was Sie verlangen. Also, Augen auf bei der Klamottenwahl!

Sparsamkeit bezieht sich natürlich nicht nur auf Kleidung und Kosmetik. Alles was Sie ausgeben, müssen Sie schließlich zuerst verdienen.

Antje z.B. lebt auf großem Fuß. Die ganze Woche arbeitet Sie hart in einer PR-Agentur. Nur selten kommt sie vor 21 Uhr nach Hause. Die Wochenenden verbringt sie zudem häufig mit Kollegen, da die Agentur rund um die Uhr verfügbar sein muss. Antje will was haben vom Leben. Klar, weshalb sonst der Stress? Sie lebt nur einmal – so viel ist aus ihrer Sicht schon mal sicher.

Sie wohnt in einer schönen Altbauwohnung in der Innenstadt. Natürlich mit großem Balkon. Die Miete ist teuer, aber immerhin bietet ihr diese Wohnung einen schönen Parkettboden und das Bad war auch schon saniert. Zugegeben, der Ausblick ist scheiße und die Trambahn ist so laut, dass Antje den Balkon so gut wie nie nutzt. Aber *what the hell*[3], egal, denn es zählt Lage, Lage, Lage! Und alle Besucher sind immer begeistert! Antje fährt natürlich Auto. Die PR-Agentur wäre zwar mit dem Fahrrad schneller zu erreichen, aber in Antjes Augen fahren nur Mütter, Studenten, Alternative und

---

[3] What the hell (nach engl. [ugs.] Was solls!)

sonstige Lebensmüde mit dem Rad – und vielleicht noch die, die keine Ahnung haben, wie günstig Leasen ist. Und da Antje sich selbst für besonders clever hält, hat sie sich einen angesagten kleinen hochmotorisierten Flitzer geleast. Logo! Das geht die ersten Monate ganz gut. Dann braucht Antje dringend eine Garage – leider nicht ganz billig in ihrer Wohngegend. Und so nach und nach schleichen sich so *unvorhersehbare* Ausgaben wie Benzin in Antjes Haushalt ein.

Nach einem halben Jahr ist Antje fast pleite. Sie zapft ihr Erspartes an – natürlich will sie den aktuellen Wintermantel auch haben. Schließlich kann man *unmöglich* zwei Jahre hintereinander den gleichen Mantel tragen – Was sollen denn die Leute denken?! Und schwups ist Antje mitten im Karussell der finanziellen Sorgen angekommen. Völlig überflüssig von mir zu sagen, dass Sorgen hässlich machen, oder? Antje geht natürlich von ihrem letzten Rest Kohle zur Kosmetikerin. Sie tut sich was *Gutes*. Das machen Leute so, die hart arbeiten – die dürfen sich belohnen! Das machen alle so. Antje ist überzeugt, dass sie es richtig macht. Irgendwann allerdings ist es soweit, dass Antje zwar noch mit den Kollegen mittags in das Café gegenüber gehen kann, allerdings nicht mehr mit zur After-Work-Party.

Sie überlegt, wo sie einsparen kann. Ihre festen monatlichen Abbuchungen übersteigen mittlerweile ihr

Einkommen. Antje hat sich nämlich auch noch ein Smartphone und einen Tablet-PC zugelegt „den haben alle in meiner Branche, da wäre ich ohne diese technischen Helferlein nicht mehr in der *In-Crowd*[4]" Antje verbringt die Mittagspausen nun im Büro und tut so, als wäre sie auf Diät. Abends geht sie mit aus, trinkt aber nur Leitungswasser. Ihr Auto steht in der teuren Garage. Gründe dafür gibt es zwei: erst jetzt hat sie bemerkt, dass sie laut Leasingvertrag nur 10.000 km pro Jahr fahren darf, und drüber hinaus wirds richtig teuer. Abgesehen davon könnte sie sich nicht mal mehr eine Tankfüllung leisten, weil sie sich gerade ein Monatsticket für die Trambahn gekauft hat.

Antje hat sich dem Konsum versklavt. Das werden harte Jahre. Flirten klappt auch nicht mehr so gut wie damals, als das Auto neu war. Antje hat sich nämlich ein bisschen darüber definiert. Heute ist es ihr viel zu peinlich jemandem von dem Gefährt zu erzählen. Ach, und weil Antje ja so clever ist, hat sie sich damals, als sie die Altbauwohnung bezogen hat, auf den Makler vertraut der meinte: „Aber Antje, genießen Sie das Leben, nebenan ist eine Reinigung. Sie werden doch nicht so blöd sein, wie die altmodischen Frauen und Ihre Wäsche zu Hause waschen?" ... Antje ist mittlerweile die Lieblingskundin in der Reinigung – logisch, wenn man bedenkt, dass der Gegenwert ihrer

---

[4] In-Crowd (nach engl. [ugs.] Schickeria)

Monatsrechnung einem Paar Schuhe und dem Monatsbeitrag eines Fitness-Studios entspricht ... Als dann auch noch Antjes Freundinnen zu Geburtstagsfeiern in Bars und Restaurants einladen, ist sie schier am Rande des Wahnsinns angelangt. Die Clique erfüllt sich nämlich immer völlig übertriebene Wünsche. So hat Antje beispielsweise im vergangenen Jahr ein Hi-Fi-System und eine Kühltasche für ihren Sportflitzer bekommen. Ja, ok, Antje hat mal angedeutet, dass sie das gerne hätte, weil ihr das alles selbst zu teuer gewesen wäre. Naja, immerhin hat Antje damals auch zur Feier eingeladen – fürs gleiche Geld hätte sie vielleicht sogar noch Sport-Stripes fürs Auto zum Hi-Fi-System und der Kühltasche bekommen. Das war echt teuer damals. Na gut, und nun steht Connys Geburtstag vor der Tür. Sie muss sanft ihren ersten blöden runden Geburtstag feiern – daher sammelt die Clique diesmal satte 150 € pro Nase ein. Als Antje die Rundmail erhält muss sie schlucken. Die Freundinnen schenken Conny diesmal – weil sie 40 wird – die langersehnte französische Handtasche. Eigentlich hatten die Freundinnen gehofft, dass irgendeiner von Connys Ex-Freunden ihr die Tasche mal schenken würde, immerhin haben sie keine Gelegenheit ausgelassen, diesen Typen Connys Wunsch zu stecken. Aber leider hat die Kratzbürste Conny keinen dieser Männer länger als sechs Monate halten können. Also müssen jetzt die Freundinnen die Tasche kaufen. *Grandios*!

Antje quetscht sich also 150 € irgendwoher und hat vor,
sich wenigstens auf Connys Party mal wieder so richtig
volllaufen zu lassen. Und siehe da, die Chancen stehen
gut, die Feier ist an einem Samstag! Conny feiert in
einer schönen Bar. Zum Glück ist ihr Geburtstag, denkt
Antje, denn dort kostet ein kleiner Drink schon über
zehn Euro. In der *Location* angekommen ist ein Bereich
der Bar nett dekoriert, Conny hat Häppchen
mitgebracht, die spärlich in der Mitte des Tisches
drapiert sind. Antje ordert, nachdem Conny sich
mächtig über das Luxus-Tascherl gefreut hat, einen
Wodka-Martini. Schließlich hat sie seit Wochen keinen
Alkohol mehr aushäusig getrunken, ihre Haut sieht
matt und grau aus, weil sie auch nur noch Salzstangen
isst, die gibt es nämlich immer gratis auf den After-
Work-Partys. Schnell hat Antje den Drink gekippt, und
schon bringt, der aufmerksame und attraktive Kellner,
ihr Nachschub. Und da platz es aus Conny raus:
„Mädels, ihr seid so *cute*[5]! Dass ihr mir diesen Traum
erfüllt habt ist schlicht *awesome*[6]! Bitte bedient euch, das
Wasser geht auf mich! Die Longdrinks zahlt ihr selbst,
denn ich habe mein *life*[7] *totally*[8] umgestellt!"

Fassungslosigkeit ist Antje ins Gesicht geschrieben. Nur
weil Conny mal irgendwo auf einem ihrer diversen

---

[5] Cute (nach engl. süß [niedlich])
[6] Awesome (nach amerikanisch fantastisch, hammermäßig [ugs.])
[7] Life (nach engl. Leben)
[8] Totally (nach engl. völlig, restlos)

Flüge in die Staaten gelesen hat, dass Alkohol alt und hässlich macht? Unmöglich! Schließlich war es Conny, die bis zu ihrem Geburtstag immer die höchsten Zechen gemacht hat – solange es eine der Freundinnen zahlen musste.

Ihre letzten Münzen kramt Antje auf den Tisch und ext den Drink. Das wars jetzt, jetzt hat sie nichts mehr übrig. Die kommenden Tage vergehen schleppend. Antje geht nicht mehr aus. Sie wurde beim Schwarzfahren erwischt und ihre Tagescreme ist aus dem Discounter. Hungrig und nach *Highlights*[9] dürstend lässt sie sich auf ein Datingportal ein.

Und schon beißt einer an, der Antje ein Wochenende in Barcelona spendieren will, mit allem drum und dran! Oh yeah! Klar sagt Antje zu! Die zwei Unbekannten unterhalten sich auf dem Flug zum ersten Mal *live* miteinander. In Barcelona gibts ein wunderbares Drei-Gänge-Menü und Antje fühlt sich so satt und glücklich, dass sie am liebsten sofort schlafen gehen möchte. Als sie an der Hotelrezeption bemerkt, dass ihr Date nur ein Zimmer gebucht hat wird Antje ihre missliche Lage erst bewusst - viel zu spät.

Antje ist schließlich immer noch pleite. So bleibt sie dieses Wochenende gezwungener Maßen mit diesem

---

[9] Highlights (nach engl. Höhepunkte)

schmierigen Kerl auf dem Hotelzimmer. Wie Barcelona war, interessiert Sie? Woher soll denn Antje das wissen? Als Antje wieder zu Hause ist und den ersten Schock übers Wochenende verwunden hat, trägt sie auf ihrem Datingprofil *liebt Wochenend-Trips* ein. Wochen danach, als Sie mit irgendwelchen Unbekannten in Brüssel, Monaco und Lyon war, hat sie sich daran gewöhnt. Antje hat im Riesenrad des vermeintlich erfüllenden Kauf- und Lifestyle-Rausches das Ruder für ihr eigenes Leben aus der Hand gegeben. Antjes Freundinnen wissen nichts davon, schließlich lässt Antje diese im Glauben, sie hätte einen Multi kennengelernt, der mit ihr jede freie Minute verbringen will. Dass es sich nicht um einen Multi handelt, sondern um wöchentlich wechselnde, ganz normale Ehemänner, die ihrer braven Gattin übers Wochenende fremd gehen, das behält Antje lieber für sich. Durchziehen wird sie dass, zumindest bis dieser blöde Leasing-Vertrag abgelaufen ist, und sie evtl. eine kleinere Wohnung gefunden hat.

Wollen Sie eine Antje sein? Wohl kaum, oder? Also gehen Sie mit Ihrem Geld behutsam um, Sie können es nur einmal ausgeben.

PHASE II

Dimension I: Bitches

Kaum schaut man mal einen Abend fern, wird in einer Talkrunde zur zweiten sexuellen Revolution aufgerufen. Baff höre ich mir den Blödsinn an. Es geht um das Aussehen einer Klitoris, Pornografie, und um die Sexualität der Frauen. Aha. Ja, da haben wir wirklich noch nie drüber gesprochen. Stimmt. Eine Dame ist ganz euphorisch und ermutigt junge Mädchen alles auszuprobieren, egal ob mit Mädels, Jungs oder Spielzeug. Ich stutze, denn Neuigkeiten hören sich für mich anders an.

Sicher nehmen auch Sie sich was Sie brauchen, oder? Das rät einem die euphorische Ente im TV da nämlich. Allerdings raten das seit Jahrzehnten auch mitteleuropäische Frauen- und Jugendmagazine. Also, was soll das? Mittlerweile bieten Swinger-Clubs Abende für unter 30-jährige an. Frauen teilen jede Nacht mit einem andern Mann das Bett. Immer und überall Sex zu haben ist ganz normal. Einen Kerl im Club anzumachen und zum Liebesakt aufzufordern ist für die weibliche Gesellschaft an der Tagesordnung. *Nimm dir, was dir zusteht! Hab Lust am Leben! Erfülle dir deine Bedürfnisse! Never look back!* Das sind die Parolen, die sich Frauen auf Damenklos zurufen. Schlachtschrei-artig hören wir sie Abend für Abend, wenn wieder eine heulend und kotzend über der Kloschüssel hängt.

Ist das alles, was bleibt? Sich von einem One-Night-Stand zur nächsten Affäre hangeln nur um das eigene Elend zu verdrängen? Nach jahrelangem Zugreifen, schaut man dann zurück und denkt sich, man hat es geschafft? Oder denkt man sich nicht vielmehr, dass man ganz schön reingefallen ist auf die Schlachtrufe der eingelullten Party-Bitches?

Apropos Bitch, das wäre im Übrigen was positives, sowas wie moderne Frau und so, hab ich neulich gehört. Wollen Sie wirklich eine Bitch sein? Haben Bitches eigentlich verlässliche Partner? Werden Bitches denn schwanger? Und sind Bitches Mütter? Machen Bitches Karriere? Wo sind Bitches denn anzutreffen? Ist eine Bitch tatsächlich toll? Wie kleidet sich denn so eine Bitch überhaupt? Bleiben Männer bei einer Bitch, oder will die Bitch das gar nicht? Nimmt die Bitch nur, oder gibt sie auch? Ist die Bitch ein Ego-Monster?
Für mich ist Bitch nichts Positives. Miststück, Luder, Schlampe oder mannstolle Frau, so wird Bitch meist

aus dem Englischen übersetzt. So sehe ich die Frauen nicht. Sicher gibt es Bitches. Und klar rät uns der ein oder andere Ratgeber auch dazu, sich wie eine Bitch aufzuführen, aber gelangen Sie so an Ihr Ziel? Na gut, richtig, kommt auf Ihr Ziel an. Verlieben werden Sie sich allerdings nicht, wenn Sie am Bitchsein festhalten wollen. Haben Ihnen Ihre ganzen sexuellen Erfahrungen irgendwas gebracht? Sind Sie denn stolz darauf, den einen oder anderen Mann vor den Kopf gestoßen zu haben? Rühmen Sie sich vor Ihren Freundinnen als die, die den häufigsten und besten Verkehr hat? Sind Sie stolz, dass Ihre Vagina fast schon Allgemeingut darstellt? Und können Sie sich womöglich nicht mal mehr an all Ihre Bettgesellen und -Gesellinnen erinnern? Spätestens dann wird es höchste Zeit die Bremse einzulegen. Nichts für ungut, jeder hat seinen Spaß verdient, aber übertreiben müssen Sie es auch nicht!

Männer wollen verlässliche Partnerinnen. Für Männer sind Frauen attraktiv, wenn sie Werte vertreten und leben. Für eine langfristige Beziehung setzen Männer nach wie vor auf moralische, gesunde, emotionale und einfühlsame Partnerinnen. Ob Ihnen das nun passt oder nicht, so ist es.

Was Männer allerdings heute auf den Tanzflächen der Clubs, den Bars und in den Sportcentern finden sind triebgesteuerte, verantwortungslose, egoistische und feierwütige Luder, die außer saufen, feiern und ficken nichts bieten. Unter uns, Sie würden umgekehrt so einen Mann auch nicht länger als eine Nacht wollen.

Weshalb wundern Sie sich also, dass Sie Single sind? Sie setzen Männer sexuell unter Druck, indem Sie möglichst noch während des ersten Dates eine Nummer schieben wollen. Sie machen sich hässlich, indem Sie Männern klar machen, dass Sie sie nur fürs Bett brauchen. Was, Sie machen nur das nach, was Sie aus den Medien kennen? Sie glauben noch die Frau sei der neue Mann? Glauben Sie den Medien nicht, die wollen Ihnen nur teure Wäsche, Cremes und Pumps verkaufen – mit Erfolg. Was wir heute sehen, sind Frauen, die sich scheußlicher Verhalten als die Männer zu irgendeiner Zeit. Weiblichkeit ist angeblich das neue Ideal, doch wofür steht denn Weiblichkeit heute? Haben nicht viele der Damen einen regelrechten Männerhass entwickelt? Schleppen nicht heute die Frauen die Männer ab? Bequatschen die Mädels-Tische nicht jedes noch so jedes kleine ekelhafte Detail ihrer SM-Session miteinander? Frauen sind übers Ziel hinausgeschossen – sie haben typisch männliche Eigenschaften verstärkt und korrigieren ihren radikalen Kurs nicht. Einerseits erwarten Frauen Männer, mit denen sie reden können, die romantisch sind, die sie beschützen und versorgen. Und kaum zeigt einer der Männer diese Eigenschaften, die nach wie vor nicht alltäglich sind, wird er ausgelacht und verrissen.

Und jetzt wissen Sie auch, warum es schön langsam reicht! Es liegt ganz allein an Ihnen, ob Sie jetzt weiterhin darauf bestehen wollen sich wie eine Bitch zu benehmen und von einer Bettkiste zur nächsten jagen, oder ob Sie in sich gehen und sich überlegen, was Sie wirklich vom Leben erwarten.

Es ist nicht einfach sich den Einflüssen der Bitches zu entziehen, das gebe ich zu. Wir sind umgeben von Müttern, die stolz darauf sind, trinkfester zu sein als der Erzeuger ihrer Kinder. Wir schalten das Radio ein, und hören eine Frau, die andere Frauen dazu auffordert den wilden Kerl zu machen. Konkret heißt das die Sau raus lassen, feiern und Koma-Saufen. Ja klar, das können Sie alles machen. Aber sind es nicht genau diese Dinge, die sie an Männern stören? Dieses Männer-Bashing geht mir sehr auf die Nerven, werte Damen. Vor allem deshalb, weil Sie sich allesamt schlimmer aufführen als eine Horde betrunkener Australier auf Bali. Jawohl. Und jetzt hocken Sie daheim, gestern noch gesoffen bis zum Umfallen, und schütten Wasser in ihre vertrocknete Kehle. Und im Grunde lesen Sie auch viel lieber Texte, die Ihren Lebenswandel loben. Wie auch immer, mir egal. Sie wollen den Richtigen finden? Sie sehnen sich nach Liebe? Nach Zärtlichkeit? Nach Gemeinsamkeiten? Nach ganz gewöhnlichem Pärchen-Zeug? Dann wachen Sie auf und benehmen Sie sich gefälligst!

Sie brauchen beileibe kein Spießer oder Langweiler zu werden, im Gegenteil – Sie verabschieden sich lediglich vom Mainstream. Und seien wir ehrlich: Wer von uns will denn noch Mainstream sein? Sie können nach wie vor Dates wahrnehmen und ausgehen. Aber tun Sie mir und sich selbst doch bitte den Gefallen und reißen Sie sich am Riemen. Übernehmen Sie endlich wieder Verantwortung für Ihre Misere und machen Sie sich einige Gedanken wie Sie wieder auf den rechten Kurs geraten können. Folgen Sie zwar Ihrem Instinkt, aber auf keinen Fall immer Ihrem Trieb – Sie sind nämlich kein Hund! Ich kenne keinen Mann, der nach einer Partnerin sucht, die sofort sämtliche Moralvorstellungen über Bord wirft und überwillig mit dem Erstbesten ins Bett geht. Klar finden die Männer das ganz nett, wenn Sie eine Bekannte nicht einmal mehr auf einen Salat zum Lunch einladen müssen, da sie sich sofort zum Sex anbietet. Und logisch nehmen einige Männer eindeutige Angebote an – wären ja schön blöd ... dennoch ist hier die Angebotsannahme noch lange kein Vertragsabschluss über eine echte Beziehung. Merke: Zu Beginn möglichst lange kein Sex!

Immer wieder fällt mir auf, dass Männer keine Lust mehr haben, Frauen kennen zu lernen, bzw. sie überhaupt noch anzusprechen. Wissen Sie warum? Ganz einfach, weil die Mädels nicht mal mehr Small-Talk machen, sondern sofort Tacheles reden.

Und jetzt merken Sie sich Folgendes: Nicht alle Männer die Sie ansprechen wollen nur Ihren Körper! Männer haben auch Gefühle! Männer sind auch Menschen! Und Männer können auch denken! Und ja, es gibt sogar Männer, die sich eine Beziehung wünschen! Speichern Sie das ab. Und lassen Sie ihre dämlichen Vorurteile stecken. Mag sein, dass Sie irgendwann einmal verletzt wurden von einem Schwimmbad-Schmuser. Ich bin sicher, Sie haben es der Männerwelt mittlerweile mehr als heimgezahlt ... daher bemühen Sie sich um einen respektvollen Umgang miteinander. Und wenn Sie Ihren Männerhass nicht in den Griff bekommen, beginnen Sie eine Therapie oder bleiben Sie Single! Wir können keine Tussen mehr brauchen, die uns die gut geratenen Kerle kaputt machen.

Und noch eins: Mischen Sie sich niemals in andere Beziehungen ein. Behalten Sie Ihre Meinung gefälligst für sich! Und geben Sie nicht vor die Mega-Emanze zu sein, obwohl Sie insgeheim auf den Traumprinzen warten, der Ihnen Kinder, Haus und Pferd ermöglichen soll.

Dimension II: Potenzielle Traumfrau

Ich gehe davon aus, dass Sie bisher nicht darauf geachtet haben, wann Sie mit einem Mann nach Hause gegangen sind. Mag sein, dass Sie sich vor dem ersten Treffen zwar noch wie im Film einen altmodischen und riesigen Slip angezogen haben – so als Notbremse – diesen aber noch auf irgendeiner Mülltonne entsorgt haben. Klar hatten Sie womöglich gute Vorsätze, aber die Chance auf Sex war verlockender.

Wenn Sie also nach dem ersten oder zweiten Treffen intim werden mit einem so gut wie Unbekannten, warum tun Sie das? Haben Sie etwa Angst, er würde sich sonst nicht mehr bei Ihnen melden? Denken Sie, Männer haben keine Geduld? Oder sind es womöglich Sie, die die Katze nicht im Sack kaufen wollen? Allein dieser Spruch ist schon bescheuert. Sie tun einfach nur das, was alle machen. Davon sind Sie zumindest überzeugt. Glauben Sie wahrhaftig, dass sich alle Frauen so schnell hergeben? Und denken Sie immer noch, dass Männer das anmacht?!

Sie tun mir aufrichtig leid. Höchste Zeit, dass Sie den Durchblick bekommen. Sie geben sich hin und landen auf der Resterampe und haben keine Idee, was Sie besser machen können.

Auf die Gefahr hin, dass Sie dies und jenes evtl. schon gehört haben, wiederhole ich mit Ihnen jetzt einige

Details über Männer. Tun Sie diese nicht ab, denn sie sind unumgänglich.

Was ist männlich? Was ist typisch Mann? Kreisen wir es ein. Männer sind stark, sie sind körperlich stärker als Frauen, daher nehmen sie die Rolle des Beschützers ein. Zudem sind Männer verantwortungsbewusst. Dies zeigt sich u.a. darin, dass sie auf der Karriereleiter ohne Murren Sprosse für Sprosse zurücklegen, egal ob es beschwerlich ist oder sie Unterstützung genießen. Männer leben seit geraumer Zeit damit, dass unsere Gesellschaft alles männliche abwertet, daher arbeiten sehr viele der Herren an sich.

Vielleicht ist Ihnen aufgefallen, dass wir heute mit Männern reden können. Kommunikation ist wichtig für jede Art von Beziehung. Hier haben Männer wirklich aufgeholt. Männer sind nicht mehr verantwortungslos und egoistisch – sonst würden Väter doch wohl kaum für ihr Sorgerecht kämpfen, oder? Viel hat sich geändert in Bezug auf unsere gelebten Traditionen und Werte. Männer mussten sich im Lauf der Zeit die typisch weiblichen Eigenschaften wie Kommunikation und Einfühlungsvermögen aneignen. Und im Gegenzug übten sich viele Damen in typisch männlichen Gebieten.

Ich bin weder rückständig noch klammere ich mich an alte Zeiten. Ich will nur, dass Männer und Frauen wieder miteinander können. Deshalb erinnere ich Sie, werte Damen, an die Attribute einer Traumfrau. Frauen waren seit jeher die Hüterinnen der Moral. Frauen wählten i.d.R. den Mann aus, und Frauen suchten Beschützer und Ernährer. *So what?* Stellen Sie sich doch nicht so an! Sie wissen genau was ich meine! Männer wollen die Mutter ihrer Kinder. Sie wollen eine Frau, in der alles steckt. Eine gute Beraterin, die unterscheiden kann zwischen dem Besserwissen und dem Beraten. Eine Umsorgerin für Körper, Leib und Seele. Und sie wollen eine loyale und aufmerksame Mitstreiterin. Selbst ausgeh-hungrige junge Männer haben diese Vorstellung. Ihre Frau soll gut sein. Sie soll gesund sein, attraktiv und moralisch.

Meine Damen, es ist nicht schwer, bei Männern zu landen – Sie müssen es nur wollen. Arbeiten Sie an sich. Weg vom Dancefloor-Luder. Weg von Nikotin, Alkohol und Party-Drogen. Gute Single-Ladies sind um halbdrei Uhr nachts zu Hause. Sie schlagen sich die wertvollen Nächte nicht um die Ohren, den sie machen was aus ihrem Leben – und zwar bei Tag. Traumfrauen können haushalten, zumindest bisschen kochen und leben schön. Klar können potenzielle Freundinnen auch ihre Wohnung ohne Putzfrau in Ordnung halten und bügeln, das machen sie nebenbei. Und wissen Sie warum?

Sie haben kein so *richtig* gutes Vorstellungsvermögen, oder?

Meinetwegen, dann erzähl ich Ihnen die Geschichte von Dorothes Freundin Marlies. Sie wissen schon, von der Dorothe aus *Mädelsdämmerung*. Marlies ist von zu Hause ausgezogen und hat das Gefühl, dass ihr die Welt gehört. Sie hat einen prima Job in der Kosmetikbranche und trifft sich in ihrer Freizeit am allerliebsten mit ihren Freundinnen.

Von Montag bis Sonntag geht sie mit ihren Mädels *eine Kleinigkeit* essen und *was* trinken. Diese Kleinigkeit kann von der überteuerten veganen Roulade mit Schotengemüse bis über den Backhendlsalat alles sein. Und *was trinken* ist auch eine durchaus dehnbare Formulierung. Marlies liebt Daiquiri, aber wenn den Freundinnen nach Ramazzotti-Runden ist, dann macht sie die natürlich mit! Am Ende zahlen sie immer zusammen, das geht sich ganz gut aus. Für Marlies genießt diesen Lebensstil – denn diese Art des Alltags ist für sie absolutes Neuland. Gewohnt ist sie das nicht. Früher ging sie kaum essen, außer es gab etwas zu feiern. Auch in Bars und Cafés war sie selten. Doch nun, als unabhängige junge Frau, da gehört das in ihren Augen zum Leben einfach dazu. Seit mittlerweile drei Monaten zecht sie nun die Nächte durch. Erst vor kurzem ist sie unter der Woche aufgewacht, ohne zu wissen, wie sie zuvor in ihr Bett kam. Marlies erfuhr später von ihren Kolleginnen, dass sie wohl nach den üblichen italienischen Kräuterlikörchen noch einige Willis getrunken hatte ... und sie danach völlig allein heimgegangen war... Sie hofft sehr, dass ihre Kolleginnen ihr die Wahrheit erzählen...

Na, wie auch immer, wieder mal im Suff lernt Marlies doch tatsächlich einen charmanten sportlichen Typen kennen. Er ist sogar bisschen prominent. Zum Glück liest Marlies im Kosmetik-Studio auch manchmal die Klatsch-Magazine, denn sonst hätte sie sich ja von Anfang an total blamiert. Sebastian ist Sportler, hat einen festen Vertrag beim hiesigen Fußballclub und ist tatsächlich angetan von Marlies. Sie trafen sich auf einer Jugendveranstaltung des Fußballclubs. Marlies war mit ihren Kolleginnen zuständig für den Look der Moderatoren dort. Es ging um irgendeinen Jugendpreis oder so. Die Moderatoren kannte Marlies nicht, irgendwelche Lokalgrößen eben. Na jedenfalls bekam das Visagisten-Team Gutscheine für Essen und Getränke und so landete Marlies an der Bar. In ihrer Vergnügungslaune überzeugte sie das Team von Daiquiri und Co. Schon gut angeheitert sah Marlies dann einige junge Männer an die Theke kommen. So locker wie sie mittlerweile war, laberte sie die Gruppe an. Noch rechtzeitig erkannte sie die Herren, sodass sie noch eine gute Figur machte. Als sich die Kolleginnen dann langweilten und die anderen Sportler aus Konditionsgründen nach Hause wollten, blieben

Marlies und Sebastian dann übrig. Die beiden verstanden sich auf Anhieb und konnten gemeinsam lachen – das ist doch schon mal viel. Klar hatte Sebastian bei Marlies sofort ein Stein im Brett (*ganz leise:* wegen seinem Promi-Money-Status). Sie verabredeten sich für weitere Dates.

Marlies fühlt sich wie im Märchen: Einladungen in noble Lokale und Bars – sogar mit Live-Bands – alles ist himmlisch! Bis Sebastian damit anfängt, dass sogar Gwyneth Paltrow täglich für ihren Mann kochen würde ... ob Marlies das denn nicht auch machen kann ... schließlich wäre das so *back to the roots*[10] und so.

Panik! Heiß-Kalt-Attacken! Stammelnd lässt sich Marlies darauf ein, für Sebastian am folgenden Tag ein nettes Abendessen zu kochen. *Oh my God!*

Schon auf dem Nachhauseweg ruft Marlies ihre Mama an: „Es geht um Leben und Tod – du musst mir helfen! Koch mir was!" Herrisch wie immer fährt Marlies geistesgegenwärtig ihre Mutter an.

Marlies kann gerade mal eine Fertigpizza in den Ofen schieben. Sie macht nicht mal ein Salatdressing selbst, das gibt es ja schließlich super zu kaufen. Auch schon für kleines Geld... wie sollte sie denn dann was kochen

---

[10] Back to the roots (nach engl. zurück zu den Wurzeln)

können?! Sicher, sie hat einen Kühlschrank...
Theoretisch... Bis vor kurzem hatte sie da noch immer
Prosecco und Zitronen drin, aber mit zunehmendem
Schuhkonsum ging ihr in ihrem Appartement der Platz
aus... und dann las sie in irgendeiner Zeitung, dass New
Yorker Ladies gerne ihre Schuhe im Kühlschrank
aufbewahren! Das wars! Und seitdem hat Marlies einen
riesen Kühl-Schuhschrank mit Licht – total de luxe!
Marlies hat Salz und Pfeffer daheim, aber sonst nichts.
Zwei Töpfe und drei Teller, das wars!

Ihre Mutter steht am nächsten Tag, wie angefordert, auf
der Matte vor Marlies' Wohnung. Ganze Wäschekörbe
voller Töpfe, Schüsseln, Porzellan und Besteck – sogar
Kerzenleuchter hievt sie in den fünften Stock – ohne
Aufzug. „Na endlich" schnaubt Marlies schweiß-
gebadet.

Die Mama arrangiert selbstverständlich eine nette Tafel,
stellt die Töpfe auf den Herd, pappt Post-its auf die
Topfdeckel, die anzeigen, welcher Topf wann, bei
welcher Temperatur aufgewärmt werden muss.
Zuallerletzt poliert sie Gläser und Besteck und bringt an
der Kühlschranktür einen Zettel mit der Menü-Folge
an. Weil Sie weiß, dass Marlies keine Kühlmöglichkeit
für Getränke hat, stellt sie Getränke und das Dessert in
einer Kühlbox unter den Esstisch.

„Marlies, das war heute das letzte Mal, dass ich dir helfe einen Mann zu angeln! Verbock es nicht schon wieder... solche Männer gibt es wirklich nicht an jeder Ecke" sie umarmt die Tochter, deren Hauptsorge ihr Outfit und Liedschatten ist, und schließt danach die Tür hinter sich.

Auf der Treppe begegnet sie Sebastian. „Guten Tag" ... „Hallo" die beiden kennen sich nicht. *Hübscher junger Mann*, muss Marlies Mama schlucken, denn sie ahnt wie der Abend enden wird... schließlich kennt sie ihre Tochter...

Sicher, wir könnten die Geschichte jetzt haarklein nacherzählen – tun wir aber nicht. Sebastian war beeindruckt vom Essen, dem Tisch, der Wohnung – alles ordentlich, kein Chaos. Nach dem wunderbaren Essen wollte er abspülen und zwar unbedingt!

Marlies, die faule Socke, ließ das natürlich zu. Die Essensreste wollte Sebastian in den Kühlschrank packen – Tatatataaa: Pumps! „Marlies, wo ist dein Kühlschrank bitte?" machte er irritiert die Kühlschranktür wieder zu. Keine Reaktion von Marlies, die in ihrer Badewanne vor sich hin relaxte. Als Sebastian dann das Geschirr und die Töpfe verstauen wollte, bemerkte er, dass Marlies weder über scharfe Messer, Schneidebrettchen oder Schüsseln verfügte. Sie hatte nicht einmal Essig und Öl! Und auch keinen

Messbecher oder einen Bräter, geschweige denn einen Backofen! *Aber es gab doch einen Braten...* „komisch!"

„Marlies", platzte Sebastian ins Bad, „so geht es nicht"! In meiner Position werde ich täglich genug benutzt und ausgeschmiert – Vielen Leuten geht es nicht um mich, sondern um den Ruhm und das Rampenlicht ... das wusstest du genau! Ich brauche eine Partnerin, und kein Kind, das mir ein Schmierentheater vorführt und auf Diva macht, die sich aushalten lassen will!" ließ er seiner Enttäuschung freien Lauf.

Und noch bevor Marlies ihre Gesichtsmaske abnehmen, und aus der Badewanne springen konnte, war Sebastian weg. Sie hörte noch das Aufbäumen seines Sportwagens, als er wegfuhr.

Das ist wirklich passiert. Vielleicht können Sie sich vorstellen, wie dämlich der Partner sich vorkommt, wenn einen die vermeintliche Freundin so zum Affen macht.

Männer könnten für all die Dinge, die eine Traumfrau kann natürlich auch zahlen. Nichts leichter als das. Dann bekämen sie immerhin auch immer das, was sie wollen. Von der optimalen Bügelfalte in der Anzughose über den perfekten Blowjob und die diskrete Hausreinigung ist alles und noch viel mehr für Geld erhältlich. Ohne schlechtes Gewissen, ohne Murren und ohne Zickigkeit. Für die Damenwelt natürlich auch, selbstverständlich.

Zeichnet sich also ab, dass Sie nur zu gebrauchen sind, um flotte Nummer zu schieben und evtl. noch eine Flasche Sekt zu entkorken – bleibt der Mann von heute lieber seiner Escort-Damen, der Putzfrau, der Kantine und der Bügel-Omi treu.

Ja, auch Männer können rechnen. Sicher ist es nicht unbedingt günstig diese privaten Dienstleistungen auszulagern, aber es ist auf jeden Fall weitaus angenehmer als eine schlechte Freundin.

Eine schlechte Freundin will Ausgehen, eingeladen werden, sie will Geschenke und Urlaube. Das alles sind in der Summe doch beträchtliche Ausgaben. Und läuft es dann ganz blöd, gelangt der Kerl – wie schon so oft – an eine, die nicht bügelt, nicht kocht, nicht putzt und auch keine Lust auf Sex hat. Folglich verdoppeln sich für den Herren die Ausgaben: Gewohnte Dienstleistungen + Freundin = viel zu teuer.

Ich weiß, Sie müssen für Männer überhaupt nichts machen. Klar, Sie sind total autark und selbstbestimmt. Versetzten Sie sich doch in einen Mann. Was würden Sie sich denn wünschen?

Männer sind auch nur Menschen. Sie wollen ein zu Hause – genau wie Sie. Und sie wollen eine ehrliche Frau. Und da haben wir auch schon den Punkt. Klar können Sie nicht in allem spitze sein, aber sie können ruhig ein paar Dinge für ihren Mann machen, da brechen Sie sich noch lange keinen Zacken aus dem Krönchen!

Denken Sie daran, dass Sie schließlich auch viel von ihrem Partner erwarten. Wo ist dann also das Problem? Sicher gibt es Ausnahmen, wenn beide einen ziemlich stressigen Job haben etc. Aber dann können Sie zumindest zuhören und aufbauen oder sich Zeit nehmen füreinander.

PHASE III

Dimension I: Männer-Bashing stoppen

Jetzt tun Sie nicht so! Klar haben Sie schon öfter Männer schlecht gemacht – vielleicht sogar Ihren eigenen ... Das liegt jetzt nicht direkt an Ihnen selbst, nein, vielmehr ist es in unserer Gesellschaft nichts besonderes, sich über die Kerle aufzuregen. Und manchmal kommt es sogar vor, dass man regelrecht dazu gedrängt wird, über die Männer zu schimpfen.

Patricia gibt eine Party. Anlässlich ihrer Scheidung hat sie beschlossen alle Wegbegleiterinnen der vergangenen 14 Monate einzuladen. Männer sind strikt verboten! Sie will keinen Typen sehen. Früher, als Patricia noch mit Uli verheiratet war, da durften die Männer immer mit. Die waren dann draußen oder im Wohnzimmer, während die Mädelsrunde in der Küche quatschte.

Und heute müssen die Herren zu Hause bleiben, denn laut Patricia sind sie Männer „die Wurzel des Bösen " –

Buhu! Aber wehe, sie ist wieder schwer verliebt, dann müssen wieder alle ihre Begleiter mitbringen. Ja klar sind Mädelsrunden in Ordnung, aber nur weil man gerade seine Trennung feiern muss, kann man doch nicht so tun, als würden alle Frauen, ganz loyal und selbstlos, nur wegen der frisch Getrennten ein Single-Leben führen!

Abende ohne Männer sind lustig, wichtig und gehören einfach dazu – logisch. Darum geht es auch nicht. Das Thema ist dieses öde Männer-Bashing. Los geht es doch schon damit, dass auf einmal jeder behauptet, Frauen seien die besseren Führungskräfte. Ohne Männer gäbe es keine Kriege und Männer folgten ohnehin nur ihren Trieben. Sie sind auch dieser Auffassung? Dann waren Sie wohl noch nie im Designer-Outlet oder im Super-Sale im hippen Schuhladen?

Ulla bekommt immer den Newsletter ihres Lieblingsladens und freut sich diebisch über jedes Schnäppchen, das sie macht. Ihre Kollegin Antje weiß das. Zufällig haben die beiden die gleiche Schuhgröße – 38. Leider haben ziemlich viele Frauen diese Größe, das kommt ja noch erschwerend hinzu. Trotzdem hatte Ulla bisher immer Glück. Dieser tolle Newsletter ermöglichte es ihr in der Vergangenheit immer, gleich bei den ersten Kundinnen dabei zu sein, die nach der Rundmail den Laden betraten.

Dieses Jahr wartet Ulla schon ganz nervös – am liebsten würde sie im Geschäft anrufen, ob der Sale dieses Jahr ausfällt, weil sich gar nichts tut. Ihre Kollegin Antje hat sich freigenommen, so kann sie sich mit ihr auch nicht absprechen. Komisch eigentlich, denn Antje nimmt sich sonst so gut wie nie frei. Sie ist die Ober-fleißige im Büro. Antje ist so eine, Sie kennen diesen Typ sicher, die in einem unbemerkten Augenblick gerne mal *versehentlich* ihren eigenen Namen unter eine Powerpoint-Präsentation schreibt, obwohl sie sie überhaupt nicht erstellt oder recherchiert hat. Antje, die klassische Rampensau eben. Dass sie frei hat stört folglich niemanden im Großraumbüro. Endlich können alle sich auf die Arbeit konzentrieren.

Ulla beschließt nach Feierabend einfach in ihrem Lieblingsgeschäft vorbei zu schauen. Schließlich ist schon Anfang Juli und die Händler müssten doch schön langsam die Herbst-/Winterware bekommen... zumindest posten sie das auf Facebook. Und als Ulla dann nach einer kurzen Tramfahrt ankommt, traut sie ihren Augen nicht: SALE steht in Großbuchstaben auf dem Schaufenster zur Straßenseite des Geschäfts.

Wahnsinn, das gibt es doch jetzt nicht! Fluchs hüpft sie hinein und sucht eine Verkäuferin, die ihr dabei hilft, möglichst viele Schuhe in ihrer Größe zu finden. „Hallo Ulla, wir haben Sie heuer schon vermisst! Antje meinte, Sie hätten sich beide Fußknöchel bei der Hausarbeit gebrochen ... dafür gehen Sie aber ziemlich gut!" hört Sie die Inhaberin des Ladens.

Unglaublich, war sie wirklich schon so oft hier, dass die sogar ihren Namen wissen? Anscheinend. Das gibt es doch nicht, Antje war schon hier? Ulla kann es nicht fassen. „Könnten Sie bitte überprüfen, ob ich noch im Newsletter bin? Dieses Jahr hab ich keine Einladung bekommen ..." Ulla schiebt der freundlichen Dame ihre private Visitenkarte über die Kassentheke – diese Mail-Adresse kennt Antje nämlich nicht! Ha! „Ulla, keine Ulla in der Liste, sowas! Ich trage Sie sofort wieder ein!" hört Ulla die Inhaberin, während sie im Augenwinkel Antje aus dem Laden gehen sieht. Hammermäßig!

Ohne Männer gäbe es keine Kriege – ganz sicher gäbe es welche! Stellen Sie sich doch nur mal vor, es geht um etwas wirklich wichtiges... schon heute kämpfen wir meist gegen Frauen, sei es um Wohnungen, um Schuhe im Sale, um mehr Anerkennung im Job, oder sogar in der Filiale der spanischen Textilkette um die Um-kleidekabinen und sogar um den Platz vor den gefüllten Kleiderstangen! Und jetzt hören Sie mir auf mit so einem Bullshit! Auch Frauen führen Kriege und Kämpfe – und zwar auf ziemlich intrigante Art und Weise.

Und ob wir eine gute Führungskraft vor uns haben, oder nicht, das hängt nun wirklich nicht vom

Geschlecht ab. Das wissen Sie auch. Gleiches gilt für selbstständige Berufe oder niedergelassene Ärzte oder Therapeuten. Der Mensch machts – Klar bringt jeder von uns seine eigene Vorgeschichte mit. Wir alle haben ein Leben, das nicht immer rund läuft. Wir alle wissen, dass Verletzungen keinen Spaß machen. Und wir alle wünschen uns irgendwie anzukommen. Die einen kompensieren dieses Gefühl vom Angekommensein mit Shoppen, die anderen mit Karriere und wieder andere werden zickig und böse. Da lobe ich mir doch die *Meditierer*, die Sportler und die Heimwerker, die kompensieren am angenehmsten für ihre Mitmenschen. Immerhin powern sie sich aus und lassen ihren Frust nicht an anderen aus.

Also, wenn Ihnen was am Verlieben liegt, dann sollten Sie wirklich anfangen, Männer zu mögen. Reden Sie nicht schlecht über den Mann an sich. Das vergrault Männer. Wissen Sie, das merken die. Männer sind auf keinen Fall unsensibel und bescheuert... männerhassende Trullas erkennen die auf den ersten Blick, bzw. nach dem ersten Date.

Oder wollen Sie wirklich ein Leben oder eine Beziehung aufbauen zu jemandem, den Sie eigentlich gar nicht lieben dürften, weil Sie ja Männer nicht mögen? Kann ja gar nicht gut gehen ... und im Prinzip wollen Sie das auch nicht. Denn im tiefsten Herzen finden Sie Männer ja auch gut, oder? Wenn das nicht so ist, kein Problem, dann halten Sie sich an Mädels, schließlich ist es nie zu spät seinen Weg zu gehen...

Dimension II: Machtmenschen

Volker ist so einer. Robert auch. Und Oliver erst... Politiker, Trainer und Vorstände auch. Sie tun sich in jeder Art von Verein oder Firma hervor. Wenn die Presse kommt, sind sie sofort zur Stelle, besser gesagt, ohne Öffentlichkeitswirkung tun sie nichts. Sollten Sie wirklich eine gleichberechtigte Partnerschaft anstreben, meiden Sie also Machtmenschen.

Sie erkennen Machtmenschen sofort. Sie sind zwar nicht besonders gutaussehend, begabt, oder talentiert, aber Sie erkennen sie. Sie wissen schon, das sind diese dreisten Vordrängler, diese extra Zuspätkommer, die nonchalant Im- Halteverbot-Parker. Sie kommen noch nicht drauf warum die schädlich sind fürs Verlieben?

Puh, wo fange ich da an? Also Merlene, die hatte so einen. Bis zuletzt dachte sie, sie könne ihn ändern. Er hat sie geheiratet unter der Bedingung, dass sie etwaige Kinder völlig alleine groß zieht. Er fuhr ganz selbstverständlich weiterhin regelmäßig alleine mit seinen Kumpels und einer Hand voll Party-Ludern in den Urlaub. Marlene hatte da nichts zu melden.

Klar hatte sie so eine Ehe nicht geplant. Sie war auch überzeugt, dass Joe sich ändern würde. Also eigentlich hatte sie gehofft, dass es ihm sogar Spaß machen würde die freien Tage und Abende mit ihr und dem Kind zu verbringen.

Schon nach der Hochzeit flirtete er mit jeder beliebigen und noch so gewöhnlichen Frau. Marlene verdrängte mögliche Bettgeschichten, schließlich war sie schon mit Louis schwanger. Sie war außer sich, als Joe nicht mal zur Entbindung kommen wollte. Aber am allerschlimmsten war, was dann passierte: Merlene wurde aus dem gemeinsamen Schlafzimmer ausquartiert! Sie bekam eine Schlafecke in der Nähe des Kinderzimmers am anderen Ende der großen Wohnung. Joe schlief, sofern er zu Hause nächtigte und nicht im *Büro*, mit Ohropax und ließ es sich deutlich anmerken, dass der kleine Louis nicht nach seinen Vorstellungen geraten war. Und Louis war nicht mal ein *Schreikind*.

Langsam zeichnete sich ab, dass Joe einfach durch und durch auf sich selbst bezogen war. Wie Marlene sich fühlte, wie es ihr ging und ob sie ihn überhaupt noch zu Einladungen +1 begleiten wollte, das alles interessierte ihn nicht. Hauptsache sein Business funktionierte, seine Seilschaften hielten und seine Mädels verwöhnten ihn.

Marlene war seine Frau und Louis sein Sohn – das war in seinen Augen ohnehin das maximal mögliche für beide. Was fehlte denn da noch? Sorgen finanzieller

Art, wie so viele junge Mütter musste Marlene zwar nicht haben, im Gegenteil, aber geliebt wurde sie nicht mehr, seitdem sie Mama war. Und ihr Partner interessierte sich überhaupt nicht für ihre Sorgen und Ängste als neue Mutter, die mühsam und mittels *Trial and Error*[11] das Muttersein erlernt. Furchtbar. Marlene hatte ihr kleines Würmchen Louis und war dennoch so einsam und hilflos, da sie so auf ihren Mann gehofft hatte. Als sie dann auch noch erfuhr, dass seine Assistentin schwanger war von Joe flippte sie aus und stellte Joe die Koffer vor die Tür.

Und jetzt? Ja, das hat sich Marlene auch gefragt. Anfangs hat Joe noch darauf bestanden, dass Marlene ihn zu wichtigen Geschäftsterminen begleitet – doch mittlerweile ist es ihm wurscht, ob er Marlene oder seine Assistentin dabei hat. Schließlich sind sie ja alle eine große Familie, oder? ... meint Joe.

Um ehrlich zu sein, wollte Marlene natürlich die Prinzessin sein in Joes Leben. Ganz ohne offizielle Zweitfamilie etc. Sie dachte so etwas gäbe es nur in der Klatschpresse und in der Politik. Aber da hat sie sich wohl getäuscht. Joe, der *solide* Immobilienmakler, machte ihr da einen gewaltigen Strich durch die Rechnung. Tja, lieben oder kaufen lassen, das ist hier das Thema. Achten Sie von Anfang an auf Ihr Herz.

---

[11] Trial and Error (nach engl. praktisches Herumprobieren)

Blenden Sie Annehmlichkeiten aus und reduzieren Sie die Beziehung auf das, was sie ist! Klar ist es schön Geschenke zu bekommen. Sicher ist es traumhaft verwöhnt zu werden – aber sind das Ablass-Geschenke? Sollen Sie ruhig gestellt werden, weil Ihre eigentlichen Bedürfnisse schon seit geraumer Zeit nicht mehr berücksichtigt werden?

Gehen Sie in sich und dröseln Sie Ihr Beziehungsgefüge auf. Stimmt alles? Sind Sie Person oder Puppe? Klar ist kaufen lassen eine Möglichkeit durchs Leben zu kommen, aber ob so das Glück an jeder Ecke spürbar ist, wage ich zu bezweifeln. Das Leben fordert uns alle oft genug heraus, es ist naheliegend, dass der Weg mit einem, der auf der gleichen Wellenlänge surft, wesentlich lustiger, schöner und ersprießlicher sein dürfte.

Dimension III: Seien Sie kein Althippie

In unseren Köpfen geistern die Parolen aus den Hippie-Zeiten herum. Immer dann, wenn wir uns auf jemanden einlassen und beiläufig etwas aus der gerade langsam und vorsichtig wachsenden Beziehung erwähnen, erwischt es uns eiskalt.

Hanni zum Beispiel hat Paul kennengelernt. Seit zwei Monaten treffen sie sich regelmäßig. Ganz empfindlich frisch ist diese Phase insofern, als dass es gerade jetzt um Standpunkte und Haltungen geht. So kann es durchaus problematisch werden, wenn Paul Hanni vor ihrer Freundin, ihrer Mutter oder ihrem Vater bittet, ihm seine Hemden doch bitte zu bügeln. Paul war auf einmal der Obermacho, der seine Freundin dazu drängt etwas für ihn zu tun.

Was aber keiner der Beschuldiger weiß: Hanni bügelt total gerne zur Entspannung. Sie fühlt sich besser, wenn sie abends zu den seichten Komödien im Fernsehen etwas ausrichtet. So hat sie kein schlechtes Gewissen, dass sie sich keine Kunst-Dokumentation angesehen hat – da hat sie nämlich immer das Gefühl sich Stichpunkte dazu machen zu müssen, um beim nächsten Ausstellungsbesuch mit ihrem im TV erworbenen Wissen glänzen zu können.

Natürlich hat sie das dann so nicht zugegeben vor ihren Eltern und der Freundin. Sie meinte nur, dass ihr das bisschen Bügeln doch wirklich nichts ausmacht.

Warum hat sie nicht klipp und klar gesagt, wie es ist? Oder erwähnt, dass ihr Paul erst vergangene Woche die Reifen ihres Autos gewechselt hat? Oder, dass Paul sich um die Umschuldung ihres Dispo-Kredits gekümmert hat? Nebenbei hat Paul Hannis Waschmaschine wieder zum Laufen gebracht und gerade rechtzeitig hat er Hanni auch noch überzeugt nicht in südamerikanische Goldminen zu investieren. Für Paul ist das alles nicht der Rede wert, solche Dinge ergeben sich in Gesprächen. Er weiß dann, was zu tun ist und macht das einfach. Hanni findet das super und ist auch happy – mit Paul als Mensch an sich und natürlich mit seiner aufmerksamen Art und mit seinem handwerklichen Geschick. Er ist er ihr eine große Hilfe und nebenbei noch die neue Liebe.

Für ihr Umfeld ist Paul aber erstmal der Eindringling in Hannis selbstbestimmtes Leben. Von ihrem Dispo und ihren abgefahrenen Reifen wussten die Leute um Hanni überhaupt nicht, weil sie sich einfach nicht dafür interessierten. Und die Waschmaschine – sie hätte sich ja schließlich auch eine neue kaufen können, oder?

Was ich damit sagen will ist nicht: spart euer Geld und sucht euch einen Mann. Nein, es geht darum zu erkennen, dass Frauen wie Männer Qualitäten haben. Nicht nur, dass es einfach Spaß macht, gemeinsam durchs Leben zu gehen – es kann auch äußerst hilfreich und erleichternd sein, zu wissen, dass man als Team wirklich viel schaffen kann. Viele sehnen sich nach einem starken Partner, der sie durchs Leben führt. Viele haben aber auch null Bock auf einen Besserwisser. Vermutlich gibt es beide Formen nicht mehr in Reinkultur. Und grundsätzlich brauchen Frauen auch keine Partner mehr zum Überleben... Aber wollen Sie denn wirklich nur überleben?

Zugegeben, Beziehungen sind nicht nur toll und lustig. Sicher gehören Gespräche und Aussprachen ebenso an die Tagesordnung, wie schöne und wohltuende Momente, die es natürlich auch zu sammeln gilt.

Sie sind vielen Damen schon um Längen voraus, wenn Sie dieses unangebrachte Augenrollen unterlassen, wenn Ihr Partner seine Meinung äußert. Gleiches gilt übrigens auch für gleichgültiges Unterbrechen oder Bloßstellen des Partners. Das stellt Sie als unabhängige Frau in ein sehr schlechtes Licht. Es zeigt, dass Sie den Menschen, der mit Ihnen durchs Leben geht weder wertschätzen noch akzeptieren oder gar lieben. Es gibt in einer zeitgemäßen Partnerschaft kaum ein Verhalten, das noch demütigender wäre, die Gewalt mal ausgeklammert. Leider empfinden es nach wie vor einige Frauen als Stärke, wenn sie ihren Begleiter permanent ins schlechte Licht rücken. Schade, dass dieses hässliche Verhalten oft von Müttern auf Töchter übertragen wird. Sollten Sie solche Züge an sich entdecken, arbeiten Sie an sich!

Haben Sie eigentlich einen anständigen Lebensentwurf? Oder haben Sie vielleicht eine Strategie entwickelt, die aufgehen könnte? Wissen Sie, in unserer Frauengesellschaft dürfen wir nicht den Fehler machen und den Blick fürs Wesentliche verlieren...

Gabi ist ganz überzeugt von ihrem Lebensplan, also ihrer *Private-Roadmap*[12] sozusagen. Gabi ist 35 und seit kurzem in einer Beziehung. Sie ist Projektmanagerin und will unbedingt noch in den Vereinigten Staaten und in Südafrika Projekte für ihren Arbeitgeber betreuen. Sie hat sich bisher beruflich wirklich gut in einer von Männern dominierten technischen Branche geschlagen. Daher ist für die *Resulterin*[13] ihre Beziehung zu Jens eher *low priority*[14].

Gabi hat von Berufswegen auf alles eine Antwort. Dies gilt natürlich auch für ihre Private-Roadmap. Ah, wie die aussieht? 1. Karriere, 2. Kinder, und 3. Heiraten. Logisch ignoriert Gabi ebenfalls berufsbedingt Fakten

---

[12] Private-Roadmap (nach engl. privater Fahrplan, Leitplan)
[13] Resulterin (ugs. Jemand, der ergebnisorientiert handelt)
[14] Low priority (nach engl. nicht so dringlich)

die nicht ins Konzept passen und blendet Probleme erfolgreich aus.

Gabi hat im Gegensatz zu Jens eine irre *Workload*[15] zu meistern, wobei sie wegen Jens nur noch ca. 60 Wochenstunden schiebt. Also offiziell, denn sobald Jens schläft bringt sie nachts noch *Traktion* in ihre Projekte, sie hat nämlich keine Lust wie eine Trödeltante da zustehen, vor den ganzen *Whizz-Kids*[16] im Meeting! *That's a no-brainer* [17]! *Delivern*[18], das ist es, was sie kann und das ist es, was sie macht! Sie *delivert*, wozu sollte sie also etwas ändern? Und ihre *Roadmap* ist doch auch gut durchdacht...

Gabi bekommt das Projekt in den Staaten. Jens könnte mit, mag aber nicht. Er ist ziemlich *challenged*[19], schließlich hat er auch er eine berufliche Verpflichtung. Noch dazu will er zwar an *board* sein bei Gabi, aber – jetzt mal ganz *down-to-earth*[20] – kennt er Gabi eigentlich wirklich?

---

[15] Workload (nach engl. Arbeitsbelastung, Arbeitspensum)
[16] Whizz-Kids (nach engl. Senkrechtstarter, Tausendsassa)
[17] That's a no-brainer! (nach amerikanisch Das versteht sich von selbst!)
[18] To deliver (nach engl. etw. abgeben, liefern)
[19] Challenged (nach engl. das herausgefordert, gefordert)
[20] Down-to-earth (nach engl. nüchtern, sachlich)

Sie ruft ihn an, um es ihm ein letztes Mal *auf der Tonspur*[21] rüber zu bringen: „Jens, wir sind jetzt zwischen einem *rock and a hard place*[22] – du wirst doch wohl nicht die *low fruits first*[23]-Strategie fahren? Du rufst am besten *asapst*[24] deinen Chef an, und visierst deine *career*[25] in den Staaten an oder machst ein *Sabbatical*[26]!"

Jens ist fassungslos. Gabi ist wohl gerade dabei, einen *Turning-Point*[27] heraufzubeschwören. Für Gabi ist ihre *Decision*[28] ein *Point-of-no-Return*[29] – allerdings hat sie, ganz in Jobmanier, die Fakten ausgeblendet.

Wie stellt sie sich das alles vor? Karriere im Ausland? Kinder? Heiraten? Sie macht ihr Motto ‚*think the unthinkable*[30]'zum Programm und beschwört somit nichts Gutes herauf. Menschen müssen sich, sofern sie Kinder, Partnerschaft oder Familie wollen, gewissen biologischen und zwischenmenschlichen Gegebenheiten anpassen. Sie müssen sich absprechen und einsehen, dass ihr eigenes Leben keine

---

[21] Auf der Tonspur (ugs. Am Telefon)
[22] Rock and a hard place (nach engl. weder ein noch aus wissen)
[23] Low fruits first (nach engl. lieber den einfachen Weg gehen)
[24] Asapst, as soon as possible <asap> (nach engl. schnellstmöglich)
[25] Career (nach engl. berufliche Entwicklung, Laufbahn)
[26] Sabbatical (nach engl. Sabbatjahr, dienstfreie Zeit für Forschung oder Urlaub)
[27] Turning-Point (nach engl. Wendepunkt)
[28] Decision (nach engl. Entscheidung, Beschluss)
[29] Point-of-no-Return (nach engl. der Punkt, an dem es kein Zurück mehr gibt)
[30] Think the unthinkable(nach engl. das Undenkbare denken)

Fertigungsanlage ist, deren Prozesse mit reinem Ingenieurwissen optimiert werden kann.

Gabi ist 35, hat einen Job und hat einen verständnisvollen Partner. Das wäre doch schon Grund genug zufrieden zu sein? Vor allem, wenn die Voraussetzungen für ihren Lebensplan doch nicht besser sein könnten... Karriere muss nicht zwangsläufig im Ausland gemacht werden.

Wem will Gabi *was* beweisen? Gabi ist im Geschäft, sie ist mitten drin im Gerangel um Macht, Bonusmeilen und *Output*[31]. Was sie aber, wie so viele, vergisst ist ihr eigenes kleines Glück.

Es ist nicht selbstverständlich jemanden zu finden, der zu uns passt. Einen, mit dem wir es aushalten können und der uns so nimmt, wie wir sind. Warum *combinen*[32] Mädels wie Gabi denn dann nicht einfach Partnerschaft, Familie und Beruf? Überall machen sie *Kick-Off-Meetings*[33] – ist das Projekt noch so klein ... aber sobald es um ihre eigene Beziehung geht, da vergessen sie das kleinste Gespräch!

Setzen Sie Ihren Partner nicht vor vollendete Tatsachen, sondern bereden Sie Wünsche und Träume.

---

[31] Output (nach engl. Produktionsmenge, Ertrag, Arbeitsleistung)
[32] Combinen (nach engl. kombinieren, verbinden)
[33] Kick-Off-Meetings (nach engl. Eröffnungsbesprechung)

Nur die Vorstellungen beider Menschen in einer Beziehung können einen lebenswerten Raum für Liebe, Belastbarkeit und Vertrauen schaffen. Und wenn die Rahmenbedingen stimmen, sprich Sympathie, Spannung und Anziehungskraft, dann lohnt sich so ein *Kick-Off-Meeting* doch allemal!

Freya Frauenknecht

NEVER GIVE UP!

Meine Heldinnen des Alltags, Mädels, Ladies, Grazien und Sporty-Spices, bleiben Sie dran! Es lohnt sich immer für die Liebe offen zu sein, denn die Liebe nistet sich ein, wo sie willkommen ist! Behalten Sie das unbedingt im Hinterkopf.

Wenn sie angesprochen oder angemacht werden, verhalten Sie sich freundlich und belieben Sie sachlich, wenn Sie kein Interesse haben. Männer sehen Anmachen nicht als Sport. Verhalten Sie sich also menschlich und lassen Sie überhebliches und arrogantes unangebrachtes Getue. Nicht jeder Typ der nach dem Weg oder einem guten Wein im Lokal fragt, will was von Ihnen.

Manche Männer unterhalten sich einfach gern. Merken Sie sich, dass Sie auch mit Männern reden können, dürfen und sollen.

Achten Sie auf sich und Ihre Seele. Und noch was: Klassefrauen braucht das Land! Seien Sie eine Klassefrau, alles andere ist gewöhnlich, langweilig und uninteressant.

Wie alle haben natürlich auch mal schlechte Tage, aber glauben Sie wann immer möglich an die Liebe und an das Gute auf der Welt, ein bisschen Naivität schadet uns allen nicht und ist gut für unseren Look. Sie wissen doch, dass Traurigkeit und Frust sich sofort als böse Falten im Gesicht zeigen.

Nehmen Sie die Männer wie sie sind, tun Sie ihnen was Gutes und behandeln Sie sie gut. Jeder von uns hat nicht nur Rechte in einer Beziehung. Denken Sie ans Kick-Off-Gespräch und klären Sie ihre Standpunkte. Versuchen Sie ein gemeinsames Konzept zu haben und verfolgen Sie es. Planlos ist jedes Schiff, und sei technisch es noch modern ausgestattet, nie auf der Zielgeraden zum Hafen.

Seien Sie mutig und verlieben Sie sich wieder! Lassen Sie sich nicht täuschen und seien Sie ehrlich. Und noch ganz wichtig, aber leider erfordert es Selbstdisziplin und Aufrichtigkeit: Ordnen Sie ihr Leben und Ihre Prioritäten realistisch und machbar.

Sicher sollen Sie auch Träume haben, aber überlegen Sie auch, ob ihre Ziele überhaupt miteinander vereinbar sind. Keinem ist geholfen, wenn Sie sich ein Baby in den Kopf setzen, für das niemand Zeit hat. *Ok, nicht jeder möchte ein Baby*: Denken Sie an die armen Hunde, die jeden Sommer von ihren Herrchen ausgesetzt werden. Nicht jeder Mensch, der ein Herz für Tiere hat, ist gleichzeitig ein guter Tierhalter. Manchmal ist es besser zu spenden, andere zu unterstützen oder seinen Fokus auf was anderes zu legen. Daher machen Sie sich Ihre Fähigkeiten bewusst und machen Sie, was Sie am besten können.

Ich wünsche Ihnen die Beziehung Ihres Lebens, treffen Sie ihren Traumpartner und seien Sie die eine patente, souveräne und sichere Partnerin. Verhalten Sie sich so, wie Sie es sich umgekehrt wünschen würden, seien Sie ehrlich, treu und authentisch. Sie werden sehen, dass Sie sich dadurch schon gewaltig unterscheiden. *Never give up*[34], die Liebe kommt und bleibt!

***

---

[34] Never give up (nach engl. gib niemals auf)

Freya Frauenknecht

DOS AND DON'TS

Noch immer können wir uns unsere Traumpartner nicht backen. Wir nutzen Chancen, treffen Menschen und öffnen uns immer und immer wieder. Doch wie vermeiden wir Blessuren? Wie behalten wir unsere kleine Seele? Wie behalten wir uns?

Gerne würde ich Ihnen eine Backmischung geben, mit Ihnen in der Küche basteln und Sie glücklich sehen. Aber noch lieber ist es mir, wenn Sie es ohne Zauber schaffen – einfach mit Ihrer eigenen Magie, Ihrem Charme und Ihrem Herzen.

Daher meine Damen, Hände weg von *Nehmer-Männern*! Die Männer nehmen den Weg zur Frau gerne auf sich. Bei weiter Entfernung können Sie auch einen Treffpunkt in der Mitte ausmachen. Aber besonders zu Beginn muss der Mann zeigen, dass er Sie sehen will. Treffen Sie sich in einem Café oder Lokal. Die ersten Male auf keinen Fall zu Hause! Das ist einerseits wir-

klich gefährlich (für Männer und Frauen) – immerhin
kennen Sie Ihr Gegenüber noch nicht gut – und
andererseits auch zum Seelenschutz (*protect me, from what
I want*).

Achten Sie, werte Damen und Herren, auf ein gutes
Benehmen. Pünktlichkeit, Verlässlichkeit und Ehr-
lichkeit sollten für Sie keine Worthülsen darstellen.
Lernen Sie potenzielle Partner erst gut kennen, bevor
Sie sich aufeinander einlassen. Schmusen und Sex
vernebeln den Kopf. Wir blenden leichter Differenzen
oder Hindernisse aus. Die Faustregel: sechs bis acht
Treffen sind nötig um eine Ahnung vom Gegenüber zu
bekommen. Wie schon erwähnt verlieben sich Frauen
besonders schnell in Sexpartner. Halten Sie sich an
diese Treffen, ohne Übernachten, körperliche Nähe
und Geschmuse haben Sie schon viel richtig gemacht.
Fallen wir nämlich sofort übereinander her, landen die
Hindernisse eines gemeinsamen Weges nämlich erst
verzögert auf dem Schirm. Das kann schon nach acht
bis neun Monaten passieren, aber häufig auch erst nach
zwei bis drei Jahren. Es ist Ihre Lebenszeit! Haben wir
uns erst an einen Menschen gewöhnt, wird die
Trennung von Tag zu Tag schwieriger. Es lohnt sich
wirklich, gerade zu Beginn, ganz genau hinzuschauen.

Denken Sie an das Kick-Off-Gespräch. Sprechen Sie
an, was Ihnen wichtig ist. Was machen Sie gerne, was
ist es, das Sie begeistert? Sind Sie ein Familienmensch?

Wünschen Sie sich langfristig eine eigene Familie? Gibt es Hobbys, die viel Raum nehmen? Brauchen Sie getrennte Wohnungen oder wünschen Sie sich ein gemeinsames zu Hause? Gerade am Kinderwunsch scheitern Beziehungen häufig, weil die Partner erst spät Farbe bekennen. Auch hier ist oft schon zu viel Zeit vergangen. Sprechen Sie sich aus, vielleicht gibt es Annäherungen in kritischen Punkten. Wichtig ist, dass die Wellenlänge passt, und die wesentlichen Themen übereinstimmen. Ganz platt ausgedrückt: Was hilft mir der Leistungsschwimmer, wenn ich Angst vor dem Wasser habe? Oder wie passen der Autofreak und der Umweltaktivist zusammen? Tierhasser und Hunde-halter? Bei kleineren Abweichungen gibt es sicher Lösungen.

Falls Sie auf Online-Datingportalen aktiv sind, achten Sie auf seriöse Plattformen. Auf kostenfreien Seiten sind die Mitglieder häufig nur zum Spaß registriert. Klar können Sie auch hier auf die Liebe Ihres Lebens treffen, aber vielleicht eben auch auf Leute, die für Sex nicht zahlen wollen.

Bleiben Sie sich, egal was kommt, selbst treu! Seien Sie ehrlich zu sich: Was taugt Ihnen, was nicht? Welche Kompromisse können Sie eingehen, was überschreitet klare Grenzen? Bleiben Sie locker und vertrauen Sie darauf, dass es klappt! Klatschen Sie sich Ihre gesamte

Freizeit nicht mit Treffen voll, denn Sie wissen doch, erzwingen können wir das Verlieben nicht.

Für viele ist das Hobby-Daten schon eine Sucht geworden, um sich über die wahre Einsamkeit hinwegzutäuschen. Und es mag auch verlockend sein. Jörg trifft sich mit Rosi, und irgendwas passt an Rosi nicht. Stimmt, sie will nicht sofort zu Jörg einziehen... *hm, das wäre evtl. auch einfach übereilt...* also trifft Jörg sich lieber parallel mit Sabine, mit Xenia und mit Maike- wer weiß, vielleicht wollen die ja zu ihm ziehen ... Seien Sie kein Jörg! Geben Sie den Menschen Zeit! Wir alle haben Verletzungen und Narben aus Beziehungen davongetragen. Sicher wäre es einfacher zu Hause zu bleiben und die eigenen Wunden zu lecken, als sich mutig auf etwas mit ungewissem Ausgang einzulassen. Jeder Mensch hat Aufmerksamkeit, Respekt und Exklusivität verdient. Die Liebe - und da können Sie Dates haben, so viel Sie wollen - kommt nicht schneller, je mehr Menschen Sie sich ansehen, oder *durchblättern.*

Verlieben heißt auch geliebt werden wollen. Wollen Sie das? Verlieben macht es notwendig, einen anderen Menschen in das eigene Leben zu lassen. Können Sie das? Sind Sie bereit dazu, Ihren Alltag zu ändern? Egal, wie alt Sie sind, sind Sie bereit, etwas für die Liebe zu tun? Kompromisse, Zeit und Geduld sind unglaublich wichtig für die Liebe – eine Beziehung ohne diese drei Bausteine macht keine Freude. Legen Sie ruhig eine

Pause ein, wenn Sie müde sind, vom Treffen und Reden. Fassen Sie neuen Mut und lassen Sie sich nicht verunsichern.

Wir alle, egal on in einer Beziehung oder Single, sind besser dran, wenn wir Liebe zu lassen. Wenn wir Sie annehmen und wenn wir sie geben. Haben wir das grundsätzlich geschafft, so ist Platz für die partnerschaftliche Liebe die ich Ihnen allen von ganzem Herzen wünsche, sofern Sie es auch tun … denn Liebe nistet sich ein, wo sie sie willkommen ist.

Herzlichst Ihre

Freya Frauenknecht

Freya Frauenknecht

ÜBER DIE AUTORIN

Geboren in München. Studium Internationales Management mit Abschluss BA, anschließend Abschluss MBA.

Die Autorin, die unter dem Pseudonym Freya Frauenknecht schreibt, war beruflich von der Luxusbranche bis über den Finanzsektor aktiv. Lebensstationen führten sie nach Budapest und New York City. Heute lebt und schreibt sie in München.

Freya Frauenknecht

Freya Frauenknecht
Mädelsdämmerung

Wir brauchen Veränderung.
Essays. 175 Seiten. Paperback.
ISBN 978-3-943237-12-2

Unverkennbar hat die Gruppe der Anfang 20- bis Ende 40- jährigen Ängste und bedenkliche Verhaltensmuster in puncto Beziehung, Liebe und Zusammenleben. Freya Frauenknecht schärft den Blick fürs Wesentliche und ermutigt neue Wege einzuschlagen.

„Stop – In the name of love, denn die meisten Herzen sind bereits gebrochen."

Paperback und E-Book sind im **Internationalen Kulturverlag München** erschienen.

www.kulturverlag.com

Freya Frauenknecht

Freya Frauenknecht
München Mitte

Mama al dente
Roman. 134 Seiten. Paperback.
ISBN 978-3-943237-13-9

Die Wahlmünchnerin Eli steckt mitten im alltäglichen Wahnsinn. Wer hat gesagt, dass Familie & Co leicht zu wuppen sind? Vergessen alle Mütter mal ihren Nachwuchs? Genügt Goodwill um Missgeschicke zu verzeihen? Die Chaos-Queen hat mit den drei Kindern, Mann Mike und den geheimen Tüfteleien ganz schön zu tun.

Ach, und dann ist da auch noch Elis Job... Sie sucht nach neuen Perspektiven. Gar nicht so leicht, denn dann zieht Elis Freundin Madeleine sie noch in ihr Beziehungswirrwarr hinein. Und alles nur wegen dem Rat einer Eltern-Seite im Internet.

Paperback und E-Book sind im **Internationalen Kulturverlag München** erschienen.
www.kulturverlag.com

Freya Frauenknecht

www.ingramcontent.com/pod-product-compliance
Lightning Source LLC
Chambersburg PA
CBHW021341290326
41933CB00037B/329